第二言語習得研究が解き明かす外国語の学習

川﨑眞理子・中西 弘
西村浩子・三木浩平
編

Kurosio
くろしお出版

はじめに

本書の目的

　本書は、第2言語習得の研究成果を指導・学習の現場に還元することを目的としています。現職の英語指導者、指導者を目指す方、教職課程を履修している大学学部生・大学院生、心理言語学や言語教育学に関心のある方、そして学習者の皆さまの参考になるよう、様々な研究結果に基づいて、言語理解・習得のメカニズムをわかりやすく解説し、指導の一例を紹介しています。

本書の構成

　英語学習者が、英語を流暢に運用できるようになるためには、その基盤となる技能（英語の音声・文字・単語・文法の効率的な処理）を熟達させることが必須です。本書では、各処理段階における熟達化メカニズムと指導法を順に紹介しています。まず、第1章と第2章では音声を、続いて第3章では識字を、第4章と第5章では語彙を取り上げます。続く第6章、第7章及び第8章では、単語より大きな単位である定型表現（定型連鎖）から文単位までを扱っています。第9章と第10章では、指導理論と指導方法に焦点を当て、英語（学習言語）による指導と技能統合型の指導を紹介しています。最後の第11章では、第2言語習得の根本に立ち戻り、習得を促進させる私たちの脳、認知脳と社会脳のしくみを紹介しています。

各章の構成

　各章の冒頭に、「この章で学ぶこと」として内容の概要を記しました。

■自己診断テスト（〇か×をご記入ください）

　読み始める前の時点で、自分はどのように考えているのかを確認するために回答してみましょう。本文中に正解と解説を示しています。

■習得の理論と指導法

各章では、理論を示したうえで、基本的な指導の一例を紹介しています。理論をしっかり理解し、指導例を参考に、指導対象者に適した指導方法を考えていただくことを意図して、あえて詳細な指導案等を掲載していません。

■本章における学習の到達状況を確認しよう

章冒頭の「この章で学ぶこと」に準拠したルーブリック評価表を作成しました。理論から指導まで、理解度を確認しましょう。

■理解を深めよう

本章で学んだことをもとに、より理解が深まるような課題を提示しました。

■図書案内

本章の内容をさらに詳しく知りたいと思われた方のために、参考になる図書を少し紹介しています。本文中で引用している図書もあります。多少、難易度の差はありますが、手に入りやすいものを選びました。本書と併せて（批判的に）読んでいただき、研究や指導の向上につながれば幸いです。

謝辞

本書は、関西学院大学大学院言語コミュニケーション文化研究科門田修平研究室で先生と様々な時をともに過ごした有志が、先生の学際的で多岐にわたる活動への敬意と、私たちに手厚い指導・支援をいただきましたことへの謝意を込めて執筆しました。本書には、人間の認知や記憶に関する用語が多数登場します。第2言語習得が、指導者のテクニックや教材の検討にとどまるものではなく、その背後にある、人間の言語処理過程や認知メカニズムを基にした科学的なアプローチが必要であるという門田先生のお考えに執筆者が賛同しているためです。私たちは、本書が第2言語習得に携わる皆さまにとって、理論と実践を結ぶ架け橋となることを心より願っております。

最後になりましたが、本書の刊行にあたり、くろしお出版の池上達昭氏に多大なるご尽力を賜りました。心より感謝申し上げます。

2024年3月　門田修平先生　関西学院大学退職によせて
編者　川﨑眞理子・中西弘・西村浩子・三木浩平

目　次

音声言語における
知覚・認知・記憶のメカニズム

■この章で学ぶこと

　リスニングは学習場面でもそれ以外でも、リアルタイムの処理を求められることが多いため、第2言語[1] (L2) の場合、学習者が苦手意識をもつことの多いスキルだと言われています。特に学習初期の習熟度が低い段階では、音声知覚の処理に様々な困難を伴うことが知られています。L2の音声知覚の自動化については次章で扱いますので、本章ではL2の音声言語の知覚処理を促すために重要なことは何か、知覚・認知[2]・記憶のメカニズムを概観しながら考えていきます。

■自己診断テスト (○か×をご記入ください)

1. L2のリスニング活動では、聞いた内容をきちんと理解しているかどうかをチェックすることに重点をおくとよい。　　　　　　　　　　　　　[　　]
2. L2のリスニング活動では、音声に注意を向けるような活動を取り入れるとよい。　　　　　　　　　　　　　　　　　　　　　　　　　　　[　　]
3. L2のリスニング活動では、多様な音声情報を取り入れる[3]とよい。[　　]

1　外国語として学ぶ場合を含めています。

2　ここでいう「認知」とは、知覚した情報を分析・解釈する過程のことを指します。

3　本章の後半では、「多様な音声情報を取り入れる」例として、話す速さや声量等が異なる、様々な話者の声で聞くことを挙げています。

1. L2 のリスニングの難しさ

　学習者にとって L2 のリスニングが難しいのは、流れてくる音声をリアルタイムで処理する必要があるからだと言われています（Lynch & Mendelsohn, 2002）。また、授業内の L2 のリスニング活動の多くが、音声をどれだけ聞き取れるか、もしくは内容をどれだけ理解しているかをテストしているために、不安を感じる学習者が多いとあります（Vandergrift & Goh, 2012, p. 4）。実際に、外国語学習一般の不安の中で、最も影響が大きいのは「リスニング不安」であるという研究者もいます（Onwuegbuzie et al., 2000 等）。

　日本人英語学習者のリスニング不安と、リスニングの下位技能の関係について調べた山内（2014）は、「学習場面におけるリスニング」（不安の原因の例として授業内やテスト場面）という因子が、4 つのリスニングの下位技能（「音声による単語認知」、「音変化の認知」、「推測」、「ワーキングメモリ」）すべてと負の相関があり、さらに総合的リスニング問題の得点と最も強い負の相関があったことを指摘しています。また、英語学習者によるリスニング時の問題の自己報告を分析した Goh（2000）は、抽出したリスニング時の問題の 10 項目のうち 5 項目がリスニングの下位技能に属する単語認知等の知覚処理に関連し、習熟度が低いほど、より多くの知覚処理に関する問題を抱えていると指摘しています。

　学習場面における L2 のリスニング活動で、内容理解のチェックばかりに重点をおくと、学習者の不安が高まると考えられます。不安が高まると聞き取りにくくなります（Zhang, 2013 等）し、問題の多くがリスニングの下位技能、特に知覚の誤りに端を発している（Field, 2019）のであれば、知覚処理を促すためのリスニング活動をすることが重要だといえるでしょう。そのため、自己診断テスト 1「L2 のリスニング活動では、聞いた内容をきちんと理解しているかどうかをチェックすることに重点をおくとよい。」の答えは×になると考えます。Field（2008）は、学習者に音声言語の知覚処理を促すトレーニングを行うことには抵抗を感じる語学教師が多いと指摘しています（p. 127）が、現在（執筆時 2022 年）はどうでしょうか。

　Rost（2016）はリスニングの過程を音声言語の処理という観点から分類し、

神経学的処理・言語学的処理・意味的処理・語用論的処理・自動的処理[4] の 5 つの過程で示しています。次節ではこの 5 つの過程のうち、学習場面で重視されると考えられる、神経学的処理・言語学的処理・意味的処理の 3 つの過程に沿って音声言語の知覚・認知・記憶のメカニズムを説明していきます。

2.　Rost (2016) のリスニングの処理過程

2.1　神経学的処理

　神経学的処理には、気づき、意識、注意に関する処理を含んでいます (Rost, 2016)。図 1 は聴覚中枢における音の情報に関する知覚・認知のメカニズムを生理学的に説明したものです。聴覚系の障がいをもたない場合、人間は多様な音の情報から成る聴覚的な「情景」から様々なメカニズムや機能、つまり、聴覚的注意メカニズム、ワーキングメモリ、トップダウン情報処理、両耳聴覚情報音像定位能、視聴覚（多感覚）統合処理等を働かせて音声言語を認知している（聴覚情景分析）と言われています (Bregman, 1990; 柏野, 2007; 川瀬, 2018)。聴覚中枢での音の情報処理については不明な点が残されている（川瀬, 2018, p. 178）のですが、聴覚の負荷が高い状況、たとえば雑音の中で音声言語を聞き分けることができるのも、雑踏の中で選択的に会話を聞くことができるのも、こうしたメカニズムや機能が総合的に働いているおかげと言えます。以上は母語の場合に当てはまりますが、L2 の場合、音声言語の知識が不足していると適切な音を取り出してまとめて音源に対応させること自体が難しく、音声言語の認知の段階で問題が生じるであろうことが予測できます。

4　第 3 版 (Rost, 2016) 初出の「自動的処理」では、コンピュータと人間のコミュニケーションを扱っています。

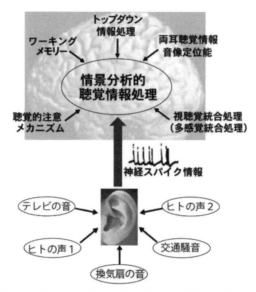

図1　聴覚中枢における音の情報処理の模式図 (川瀬, 2018, p. 184)

2.2　言語的処理

　言語的処理は音声が知覚され、分節化（単語や意味の区切りを探すこと）、韻律的特徴の使用、文法的単位への解析、単語の認識を経て、聞き手が音の意味を理解するまでの過程を含んでいます（Rost, 2016）。図2はL2のリスニングの認知過程とそれらの相互関係を示したモデルで（Vandergrift & Goh, 2012, p. 17）、音声（speech）の入力から記憶における表象（representation of speech in memory）までの流れを示しています。この図には、Anderson (1995) が提唱したリスニングの処理過程の3段階、知覚（perception）、文法的解析（parsing）、活用（utilization）が使用されています。図から、ボトムアップとトップダウン処理の両方が情報処理に関わり、全段階でメタ認知（自分自身の思考や言動等を客観的に把握し、制御する知識や活動）が機能していることがわかります。

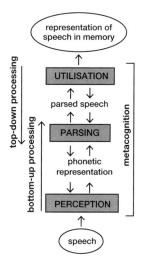

図 2　L2 リスニングの認知過程とそれらの相互関係
(Vandergrift & Goh, 2012, p. 17)

　先ほど、学習者のリスニング時の問題の多くは知覚処理に関連している（Goh, 2000）と述べましたが、知覚は物理的な情報をそのまま反映しているわけではありません。知覚は、「脳が外界から受け取る情報に、それ以前の経験による仮説検証の学習に基づく知識を取り入れたもの」（Kandel, 2016[5]）と考えられています。つまり、感覚情報を過去の経験等を踏まえて個人が（無意識に）解釈した結果の産物だということです。ボトムアップ処理のみではなく、トップダウン処理が神経学的な処理の段階から関わっており、既にもっている音声言語の知識が知覚に影響を与えていると考えられます。音声言語の知識は過去に経験した音声の記憶によって成り立ちますので、次節の「意味的処理」の中で記憶について見ていきたいと思います。

5　Kandel（2016）は主に視覚について述べていますが、人間が現実をありのままに知覚できないという点では聴覚も同じです（Lotto, 2017）。

2.3 意味的処理

　意味的処理に含まれる過程は、理解、推論、学習、記憶形成に関わるものです（Rost, 2016）。ここでは意味的処理に含まれる記憶について述べますが、その前に、まずは記憶の分類について触れます。

　図3は記憶の分類を示したものです（太田, 2011, p. 22）。情報（刺激）が感覚記憶に入力され、非常に短い時間（長くて数秒程度）保たれます。そのうちの注意を向けられた情報が短時間（長くて1分程度）保たれますが、リハーサル（繰り返し）や精緻化（情報の付加）すればもう少し長く保てます。ワーキングメモリ（短期記憶）の働きによって情報の保持と処理が行われ、ここから情報の一部が長期記憶に移され、数分単位から一生にわたるまで情報が保たれます。各記憶の詳述は避けますが、長期記憶の中で意識的な想起を伴う記憶は顕在記憶、伴わない記憶は潜在記憶と分類されています。そして、後者の潜在記憶は、言語の習得（母語なら獲得）や学習において基盤となる記憶であることがよく知られています（Schacter & Tulving, 1994）。潜在記憶の主な特徴として、長期持続性があり、意味ではなく知覚的情報に敏感で、モダリティ（たとえば視覚か聴覚か）の変化にも敏感であること、加齢の影響を受けないこと等がわかっています（Roediger & McDermott, 1993）。

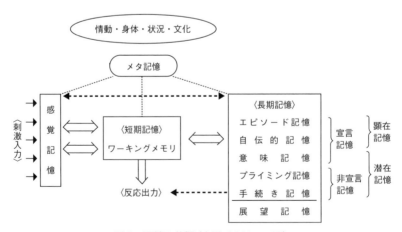

図3　記憶の分類 (太田, 2011, p. 22)

図 3 の矢印は記憶における情報のやりとりを示していますが、短期記憶を経ないで、感覚記憶から長期記憶に点線の矢印が直接伸びている箇所があることに気づきます。先ほど、感覚記憶は長くて数秒保たれると述べましたが、実はこの点線の矢印が示すように、人間は様々な感覚情報、たとえば 1 度見た人の顔や 1 度聞いた声等を、長くて数か月間くらい潜在記憶として長期記憶に保っていることがわかっています（寺澤, 2016）。音声言語の処理の際、言語情報だけではなく、常にパラ言語情報（イントネーション、ポーズ、話す速さや声量等、書きことばにすると失われる音声情報）を含む非言語情報の処理が知覚的水準で行われますので、それが潜在記憶の現象として現れることがあります。これは図 3 の長期記憶の中のプライミング記憶に関連します。

　プライミングとは、「先行する刺激（プライマー）の処理が後の刺激（ターゲット）の処理を促進または抑制すること」で「潜在的（無意識的）な処理によって行われるのが特徴であり、知覚レベル（知覚的プライミング効果）や意味レベル（意味的プライミング効果）で起こる」（月浦, 2012）と言われています。プライミング効果は無意識の学習効果とも言い換えられますが、音声処理に関わるものとして聴覚性プライミングがあり、話しことばの処理、ひいては言語の習得を支える普遍的なメカニズムの 1 つだと言われています（Church & Fisher, 1998）。

　わかりやすいように、典型的な聴覚性プライミングの実験例を示しておきます。様々な条件を統一した単語グループを 2 つ（A と B）作成し、参加者に A を 1 度聞いてもらった後、今度は A ＋ B の状態で聞きながら、できるだけ早く正確に復唱する課題をしてもらいます。通常、1 度聞いた A の単語は、B の単語より早く正確に復唱でき、プライミング効果が見られます。しかし、1 度聞いた A の単語でも、1 度目に聞いた声とは異なる声で提示されると早く復唱できず、プライミング効果が見られなくなります。図 3 の点線の矢印が示すように、音声言語の情報が "exemplar"、つまり「事例」（Goldinger, 1998 等）としてそのまま長期記憶に保たれているためにこの現象が起こると考えられます。

　ここまで、音声言語の知覚・認知・記憶のメカニズムを Rost（2016）の神経学的処理・言語学的処理・意味的処理の 3 つの過程に沿って説明し、音声

処理を考える上で重要な聴覚性プライミングについて触れました。次はこの聴覚性プライミング効果を調べた実験について述べていきます。

3. 聴覚性プライミング

聴覚性プライミングの実験によると、母語では潜在記憶の特徴が見られることがわかっています（McDonough & Trofimovich, 2009）。たとえば、潜在記憶の主な特徴として、先ほど述べたように「意味ではなく知覚的情報に敏感」で、1度聞いた語彙は意味処理をしたかどうかに関わらず、知覚的情報が同じであれば新出の語彙よりも速く，正確に復唱できることが知られています（Church & Schacter, 1994; Goldinger, 1996）。先行研究ではこの聴覚性プライミング効果が現れる理由を，学習者が知覚的水準で音声の音響的な特性を記憶し，無意識に利用しているからであるとしています（Trofimovich & Gatbonton, 2006）。さらに，そのメカニズムは母語以外の言語の習得においても働いている可能性が示唆されています（McDonough & Trofimovich, 2009）。しかし、母語話者と学習者では少し様相が異なります。母語話者は「意味ではなく知覚的情報に敏感」ですが、学習者は「意味にも（Kirsner & Dunn, 1985）、知覚的情報にも敏感（Trofimovich, 2005）」で、それは日本人英語学習者にも当てはまるという結果が得られています（Matsuda, 2013, 2017ab）。

3.1 聴覚性プライミングの実験例：Matsuda (2017a)

Matsuda (2017a) では日本人英語学習者を対象として、各条件（親密度、頻度、音節数、デュレーション、語頭子音）を統制した英語の単語グループを作成[6]し、肉声（人の声）と Text-to-Speech (TTS) を使用した合成音声を使用して聴覚性プライミング効果の違いを見ました。合成音声は知覚的情報が統一されていますが、肉声についても発話速度、音の大きさについては可能な限り統制したものを使用しました。心理学実験ソフトを使用して音声を提示し、音声に注意を向けた場合（押韻判断課題を使用、図4の Rhyme）と、意

6　言語の想起の単位については、音韻上は語である可能性が高いと考えて単語グループを使用した実験を行っていますが、これは検証できていないため、作業仮説となります。

味に注意を向けた場合（類義性判断課題を使用、図 4 の Synonym）に分け、各々に出現した語と新出の語を混ぜて復唱してもらい、反応速度を測ってプライミング効果を見ました。

　図 4 はプライミング効果を量的に示したものですが、肉声（Natural）を使用したとき、音声に注意を向けた場合のプライミング効果が合成音声（Synthetic）を使用したときより高いことがわかります。習熟度別に見ていくとさらにはっきりします。

　図 5 は肉声を使用したときのプライミング効果を習熟度別に見たものです（Matsuda, 2017a, p. 157）。肉声を使用すると、習熟度に関係なく、音声に注意を向けた場合にプライミング効果があることがわかりました。母語話者に母語で同じ方法を用いた場合、音声に注意を向けても意味に注意を向けても、プライミング効果は同じで低いという結果が出ている（Matsuda, 2013）ことを考えると、学習者にとって L2 の肉声に触れることは、習熟度に関係なく重要であることがわかります。

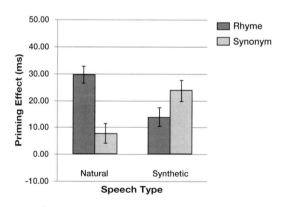

図 4　プライミング効果の違い (Matsuda, 2017a, p. 155)

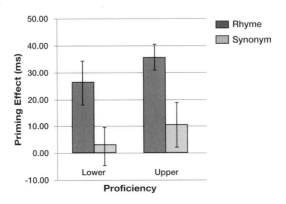

図5　肉声を使用した場合の習熟度別プライミング効果の違い
(Matsuda, 2017a, p. 157)

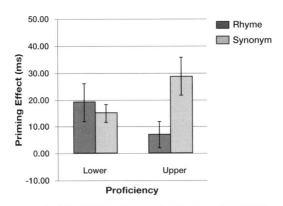

図6　合成音声使用時の習熟度別プライミング効果の違い
(Matsuda, 2017a, p. 158)

　また、音声に注意を向けた場合よりはプライミング効果は低いですが、意味に注意を向けた場合、習熟度が高い方がプライミング効果は高いことがわかりました。習熟度が高い学習者はL2の音声言語の知識が豊富で、メンタルレキシコン（心的辞書）の中での音と意味のつながりが強いため、このような結果になると考えられます。

　図 6 は合成音声を使用したときのプライミング効果を習熟度別に見たものです（Matsuda, 2017a, p. 158）。音声に注意を向けた場合、習熟度が高い学習者のプライミング効果が低いことがわかります。同じ条件で意味に注意を向けた場合はプライミング効果がありますので、2 つの解釈ができます。

　1 つ目の解釈は、合成音声は習熟度が高い学習者がもっている音声情報とは異なる不自然な音なので、音声面での学習効果が減じている可能性です。2 つ目の解釈は、知覚的情報が統一されているために、「慣れ」が生じて容易に処理でき、天井効果で音声面での学習効果が得られない可能性です。いずれにしても、意味に注意を向けた場合、メンタルレキシコンの中で音と意味のつながりが強い、習熟度が高い学習者は、自分がもっている音声情報とのギャップを埋めることができるか、もしくはより容易に記憶の中で取り出されやすい状態になると考えられます。一方、習熟度が低い学習者には合成音声でもそれなりに音声面での学習効果が見られます。Hirai & O'ki（2011）によると、習熟度が低い学習者は合成音声を好む割合が高く、その理由として合成音声のほうが一定の速度で読み上げられるため、容易に聞き取れると感じたからではないかと推測しています。

　合成音声は技術の進歩により、今後さらに精度が上がる可能性が高く、習熟度によって異なる目標を設定する必要はあるものの、リスニング教材への使用は一定程度有効だと考えられます。NHK のニュース等も一部合成音声で報道されている[7]現状を鑑みれば、習熟度が高い学習者についても、内容理解を中心とする教材として、こうした音声に慣れておくことは意味があると考えます。

3.2　聴覚性プライミングの実験例：Matsuda（2017b）

　知覚処理を考える上で重要なパラ言語情報として、話者の変化[8]（Talker variability）があります。母語では話者の変化には頑健性があり（変化に左

右されない）、5音節聞いただけで十分だという研究もあります（加藤・筧, 1988）。母語の場合、1歳になる頃には、パラ言語情報は言語情報とは独立的に処理するようになると言われています（Houston & Jusczyk, 2000 等）。また、注意の切り替え能力の発達に応じて、限られた認知資源をより重要な言語情報（つまり意味）に配分する様子が見られます（池田・針生, 2016）。しかし、L2 では様相が異なります。関連する研究として、バイリンガルの習熟度と話者認知（Talker recognition）の関係を調べた Bredman & Creel（2014）の研究がありますが、言語への親密度が高いほど、話者認知が高いという結果を示しています。この研究では、L2 の音声処理と話者認知が独立していない可能性を指摘しています。母語のような音韻情報データベースが形成できていない学習者は、話者ごとに異なる音響特徴と言語情報を独立的に処理することが難しい可能性が高いと考えられます。

　図7は実際に話者の変化によるプライミング効果の違いを見たものです（Matsuda, 2017b）。Matsuda（2017a）の実験に、話者（肉声）の変化を加えたものです。音声に注意を向けている場合、同じ声（Same）ならプライミング効果が見られ、異なる声（Different）だとプライミング効果が見られなくなります。そして意味に注意を向けている場合、同じ声と異なる声で、プライミング効果に統計的な有意差があるとはいえず、その効果はわずかです。

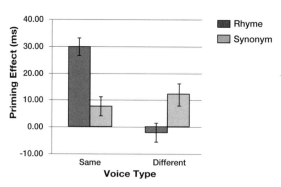

図7　話者の変化によるプライミング効果の違い
(Matsuda, 2017b, p. 14)

　Matsuda（2017b）では意味に注意を向けた場合、参加者はトップダウンを主とする音声処理をしており、パラ言語情報を含む音声への注意が低下したため、パラ言語情報の変動（異なる声）による影響を受けにくくなった可能性を指摘しています。この結果と Matsuda（2017a）の結果、および母語の音声知覚の発達研究から推測できることとして、学習者の場合、限られた認知資源をどのような言語情報に配分するかでパラ言語情報を含めた音声処理の内容が大きく変わる可能性を指摘できます。つまり、学習者の場合は、ある程度音声に注意を向けていないと、パラ言語情報を含めた「事例」として、潜在記憶の水準で長期記憶に保つことは難しい可能性が高いということです。そのため、自己診断テスト 2「L2 のリスニング活動では、音声に注意を向けるような活動を取り入れるとよい。」の答えは〇となります。最終的にはこうした大量の「事例」を長期記憶にとどめて頑健な L2 の音韻データベースを築くことで、様々な知覚的要因に振り回されずに、聞いて素早く処理できるようになることが理想だと考えられますので、そのためのヒントとなる先行研究を次節で取り上げたいと思います。

4.　L2 の音声言語の知覚処理を促すために

　成人の L2 学習者を対象として、多様な話者を用いた音声の学習に関する 18 件の研究のメタ分析をした Zhang et al.（2021）は、学習時に話者が多様であれば、新しい話者への知覚的般化[9]が起こる（ただし 1 ～ 8 時間のトレーニングを要する）ことと、学習成果の長期保持（数か月）が促進されることを指摘しています。また、その際に話者ごとにブロック呈示（話者を一試行ごとに混ぜない）をすると効果が高いことも述べています。

　学習初期段階において異なる話者を経験することの重要性について言及している研究もあります（Davis, 2015）が、逆に L2 では処理負荷が高い（Antoniou et al., 2015 等）ため、ある程度音声の学習が進んでから取り入れるべきであるという見解（Field, 2019）もあります。どの段階で様々な話者を経

9　「知覚的般化」とは、特定の刺激に基づく学習や反応が、その刺激と似た他の刺激にも適用される現象です。

験するべきかについては、対象の年齢という要素等を考慮する必要があると思いますが [10]、いずれにしても、L2 の音声言語の知覚処理を促すために、話者の変化を含めた音声情報の多様性が必要であることには変わりはないと考えます。また、それは音声言語の知覚、認知、記憶のどの段階においても重要な役目を果たしていると考えられます。

　プライミング実験の結果から、多様な知覚的情報をもつ L2 の音声に触れることは、習熟度に関係なく重要であることを述べましたが、関連する先行研究の結果からも同じことが言えるようです。L2 のリスニング活動の際、学習者に多様な L2 の音声情報に触れる機会を提供し、かつその重要性について伝えることが肝要であると考えます。したがって、自己診断テスト 3「L2 のリスニング活動では、多様な音声情報を取り入れるとよい。」の答えは○となります。

　コロナ禍で Information and Communication Technology（ICT）の活用がより進んだ今、多様な L2 の音声情報に触れることは難しいことではないように思います。テストや成績という顕在的な形ではすぐに結果として現れないとしても、L2 のリスニング活動で現実のコミュニケーションの場に存在する音声情報の多様性を再現するように心がければ、それらは潜在記憶に「事例」として集積され、頑健な L2 の音韻データベースを築く礎となり、後に大きな助力となる可能性が高いと考えられるのです。

10　特に小学校における英語教育については、様々なバリエーションに触れる、一定の聞き流しの時期が必要なのではないかと考えます。そうした時期を設け、音声インプットの種類と量、つまり「事例」を増やすことに主眼をおくことで、中学校以降の英語学習を大幅に楽にできる可能性があると考えます。

■本章における学習の到達状況を確認しよう

到達目標	十分到達できた	一部到達できた	努力を要する
音声言語の知覚、認知および記憶のメカニズムを、母語話者と学習者各々について簡単に説明できる	L2 の音声言語の知覚、認知および記憶それぞれのメカニズムを簡単に説明できる	L2 の音声言語の知覚のメカニズムを簡単に説明できる	L2 の音声言語の知覚のメカニズムを説明できない
音声言語の知覚処理を促すために効果的なリスニング活動は何かを自ら考え、提案できる	音声言語の知覚処理を促すために効果的なリスニング活動は何かを説明できる	知覚処理を促すリスニング活動は必要だと考えている	知覚処理を促すリスニング活動は必要ではないと思う

■理解を深めよう

　本文で多様な L2 の音声情報に触れる機会を学習者に提供することが重要であると述べましたが、それはなぜでしょうか。本文で述べた「パラ言語情報」ということばを使用して説明してみましょう。

■図書案内

・ Field, J. (2019). Second language listening: Current ideas, current issues. In J. Schwieter & A. Benati (Eds.), *The Cambridge handbook of language learning* (pp. 283–319). Cambridge University Press.
　L2 のリスニング全般についての最新の知見と主要な問題点がコンパクトにまとめられている。

・ Pardo, J. S., Nygaard, L. C., Remez, R. E., & Pisoni, D. B. (Eds.). (2021). *The handbook of speech perception* (2nd ed.). Wiley-Blackwell.
　音声知覚に関して、様々な研究領域から見た最新の知見と主要な問題点がまとめられている。

第2章

シャドーイングの認知メカニズムと指導法

■この章で学ぶこと

　本章では、モデル音声をほぼ同時に復唱することが求められる英語シャドーイング（以下、シャドーイング）を繰り返すことによって、英語音声の習得・コミュニケーション能力の習得にどのような影響を及ぼすのか、なぜそのような効果が得られるのか、様々な実証研究をもとに検討します。また、そのシャドーイングの効果を最大限に発揮させるためには、シャドーイング中にどのような活動・タスクを行えばよいのか、理論と実践の面から検討します。

■自己診断テスト（○か×をご記入ください）

1. シャドーイングは、極めて認知負荷の高い学習なので、初級者には行うべきではない。　　　　　　　　　　　　　　　　　　　　　　　　　　　　[　　　]

2. シャドーイングとリピーティングは、共にモデル音声を復唱するトレーニングであるので、どちらを学習に使用しても効果は変わらない。　　　　[　　　]

3. 発話者の顔動画を見ながらシャドーイングをすることで、英語音声の知覚や英語リズムの獲得が期待される。　　　　　　　　　　　　　　　　　[　　　]

1. シャドーイングとは？

　シャドーイング（shadowing）とは、「モデル音声に対してほぼ同時に、そのモデル音声と同じ発話を口頭で再生する行為」を指し、同時通訳のトレーニングとして利用されていましたが、最近では主にリスニング指導の一環として、英語教育でも広く用いられています。玉井（2005）は、シャドーイングを一定期間実施した（週1回50分×13回）結果、特に英語が苦手な学習者のリスニング理解得点が上がることを示しました。その理由の1つとしては、シャドーイングが、第8章で指摘されているリスニング中の認知プロセス（①音声処理②語彙処理③統語処理④意味処理⑤スキーマ処理）の中でも、特に①音声知覚の自動化に貢献する（門田、2015）ことが挙げられます。音声知覚は、リスニング理解プロセスの最初の段階に当たるため、音声知覚の成否がリスニングの内容理解に大きな影響を与える可能性があります。特に初級英語学習者は、リスニングの際、この音声知覚段階において、限られた認知資源の大半を使ってしまうため、他の処理に認知資源を回すことが難しい状況にあります。シャドーイングは、学習者の音声知覚にかかる認知負荷を軽減させることが期待されています。よって、自己診断テスト1「シャドーイングは、極めて認知負荷の高い学習なので、初級者には行うべきではない。」の答えは×になります。

　なお、本章で紹介するいくつかの研究で用いられているリピーティング（repeating）とは、一定のサイズのチャンク（句・節）を聞いた後にポーズを空け、その間に記憶した音声を復唱する練習です。シャドーイングとは異なり復唱のためのポーズが用意されています。そのため、学習者は音声の知覚と同時に様々な言語知識（語彙・統語・意味・スキーマ等）を用いてモデル音声を再現しようとします（門田、2014）。よって、主に音声面での習得が期待されるシャドーイングとは異なる効果（例：語彙・統語・意味・スキーマ処理の促進）が想定されます。したがって、自己診断テスト2「シャドーイングとリピーティングは、共にモデル音声を復唱するトレーニングであるので、どちらを学習に使用しても効果は変わらない。」の答えは、×になります。

　この章では、シャドーイングが音声知覚の自動化をもたらすメカニズムについて概観した後、シャドーイングがもたらすその他の効果について検討し

ます。その後、シャドーイングの効果を高めるための指導例を紹介します。

2.　音声知覚の自動化

　英語音声には、主に①母音・子音、②リズム、③イントネーションのような音声特徴が含まれます（東後, 2019）が、日本人英語学習者はそれらの知覚に困難を伴うことがあります。①－③について例を挙げながら説明します。

　①の例としては、英語母語話者が "I found a new hut." と話した際に、日本人英語学習者は、"I found a new hat." と聞き間違えることがあります。これは、学習者が hut の /ʌ/ と hat の /æ/ を区別しておらず、どちらも日本語の「あ」で代用しているために起こると考えられます。また、②の例としては、英語母語話者が発した "Rats eat cheese." は聞き取ることができるのに、"Rats have been eating some cheese." は聞き取れないことがあります。これは、日本人英語学習者が英語のリズム（アクセントのある音節から次のアクセントのある音節までの長さがほぼ一定に保たれる：川越, 2007）を、日本語のリズム（すべてのモーラの長さがほぼ一定に保たれる）のまま捉えようとしており、内容語の Rats よりも弱く短く発音された音節 have been /həv bɪn/ を聞き取れなかったためと考えられます。さらに、③ "Did you do your homework by yourself?" の質問に対して、英語母語話者が "Yes." と下降上昇調（ためらい、言い逃れを示すイントネーション）で返答した場合においても、日本人英語学習者は、下降調（確かさを示すイントネーション）の発話として捉え、「発話者が自分自身で宿題をした」と解釈してしまうことがあります。これは、英語特有の下降上昇調のイントネーション（竹林ほか, 2013）がもつ意味を学習者が知らないために生じる誤解であると考えられます。上記①の母音や子音を分節音（segmental sounds）、②③のリズムやイントネーションのことをプロソディ（prosody）あるいは超分節音（suprasegmental sounds）とよびます。

　音声の知覚は、発話者の音声と聞き手の長期記憶中の音声知識との照合により行われると仮定されています。先の例のように、日本人英語学習者にとって英語音声の聞き取りが難しい理由の 1 つは、学習者の英語音声知識が母語である日本語の影響を受けているためと考えられます。

シャドーイングを繰り返すことにより、日本人英語学習者の音声知識がモデル音声に近い音に更新され、両言語の音声間のギャップが解消されることが期待されます（門田, 2015）。このようなシャドーイングにより期待される効果は、次節で示すように、様々な実証研究により確認されています。

次節では、そのシャドーイングの効果を分節音・プロソディに分けて紹介します。

2.1 シャドーイングが分節音の知覚・産出に及ぼす効果

分節音とは、先述の通り母音や子音のように音色に関係した言語音を指します（フィリップ, 2021）。母音とは、呼気が調音器官（歯や舌や唇）の妨害を受けずに生成される音を指し、子音とは、調音器官によって呼気が何らかの妨害を受けて発音される音を指します（竹林ほか, 2013）。

図1は、母音を発音する際に、舌の一番盛り上がっている点をプロットした母音図（vowel chart）です。また、図に記載された音声記号は、国際音声字母（International Phonetic Alphabet: IPA）とよばれ、世界のあらゆる音声を客観的に記述するために国際音声学会が定めたものです（国際音声学会, 2021）。横軸は、舌が高く盛り上がる位置を3段階で示しています。縦軸は、舌をどの程度上げるのか4段階で示しています。丸印で囲まれた音声記号は、英語の単母音（音質の変化を伴わない母音：monophthong）を示しています。

母音図に記された単母音の他に、二重母音（/aɪ/ のように発音の途中で音質の変化が伴う母音：diphthong）も合わせると、英語の母音（約25個：研究者により数え方が異なります）は日本語（5個）よりも多くの母音が存在します。また、日本語の母音とは音質が異なるため、両者を区別して発音したり（牧野, 2021）、知覚するのが難しいとされています。

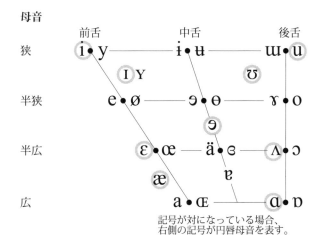

母音

前舌　中舌　後舌

狭

半狭

半広

広

記号が対になっている場合、
右側の記号が円唇母音を表す。

図1　母音図（国際音声学会, 2021）

　図2は、子音が調音器官のどこでどのように発音されるのか、国際音声学協会が示した子音分類表です。横軸が調音位置（声道のどこで呼気を妨害しているのかを示しています）、縦軸が調音法（どのように呼気が妨害されるかを示しています）、セルの中に子音が2つ記載されている場合、左に書かれている子音が無声音（声帯の震えを伴わない音）、右が有声音（声帯の震えを伴う音）を示しています。四角で囲まれた音声記号は、英語の子音を示しています。

　特に摩擦音（fricative：声道の特定の位置を閉鎖寸前まで狭め、呼気が通過する際に生じる摩擦を伴う音）において日本語と英語の違いが大きいことが指摘されています（川越, 2007）。日本語には無いが英語には有る音（例：/f/, /v/, /θ/, /ð/）や日本語には有るが英語にはない音（例：/ɸ/＝日本語「ふ」の子音部分）があるため、日本人英語学習者にとっては、英語の発音や聞き取りが難しいとされています。事実、日本人英語学習者は、/θ/ の音を /s/ で代用して発音することや（Koffi, 2015）、/s/ を /θ/ と、/θ/ を /f/ と聞き間違えることが指摘されています（Abe, 2020）。

子音 (肺気流)　　　　　　　　　　　　　　　　　　　　　©①③ 2020 IPA

	両唇音	唇歯音	歯音	歯茎音	後部歯茎音	そり舌音	硬口蓋音	軟口蓋音	口蓋垂音	咽頭音	声門音
破裂音	p b			t d		ʈ ɖ	c ɟ	k ɡ	q ɢ		ʔ
鼻音	m	ɱ		n		ɳ	ɲ	ŋ	ɴ		
ふるえ音	ʙ			r					ʀ		
たたき音又は弾き音		ⱱ		ɾ		ɽ					
摩擦音	ɸ β	f v	θ ð	s z	ʃ ʒ	ʂ ʐ	ç ʝ	x ɣ	χ ʁ	ħ ʕ	h ɦ
側面摩擦音				ɬ ɮ							
接近音		ʋ		ɹ		ɻ	j	ɰ			
側面接近音				l		ɭ	ʎ	ʟ			

枠内で記号が対になっている場合、右側の記号が有声音を、左側の記号が無声音を表す。網掛け部分は、不可能と判断された調音を表す。

図2　子音表 (国際音声学会, 2021)

　では、日本人英語学習者にとって聞き取りが困難な英語分節音の知覚・産出は、シャドーイングにより改善されるのか、またどのようにシャドーイングを行うべきなのかを示した実証研究を紹介します。Hori (2008) は、26 名の工業専門学校の学生に対して、40–70 語程度の 13 種類の英文テキストの音声を用いたシャドーイングのトレーニングをそれぞれのテキストにつき 15 回ずつ行いました。英文の全音節中、正しく音声を再生できた音節の割合を算出したところ、およそ 10 回目までは再生率が向上しました。シャドーイングを繰り返すことで、学習者は、モデル音声を正確に知覚し、再現することが出来るようになったことを示しています。

　また、Hamada (2018) では、日本人英語学習者を対象に、特定の分節音 (/æ/, /f/, /v/, /θ/, /ð/, /w/, /l/, /ɹ/) を発音指導した後、IPA で表記されたスクリプトを見ながらシャドーイングを行わせました。また、シャドーイング前後に音読課題を実施しました。その後、評定者が録音された学習者の音読音声を聞いて、「理解のしやすさ」「プロソディ」「分節音」の観点から 6 段階評価を行ったところ、「理解のしやすさ」「分節音」の項目が向上していました。この結果は、学習者に英語分節音を正しく発音させるためには、シャドーイング中に、学習者の意識を分節音に向けることが必要であることを示しています。

　さらに、Nakanishi et al. (2023) では、16 種類の英語文章を、モデル話者の顔動画を観ながらシャドーイングをしたグループとモデル話者の顔のモザイ

ク動画を観ながらシャドーイングをしたグループに分け、シャドーイングの再生率を比較しました。その結果、前者において再生率が有意に高いことが示されました。門田（2018）は、この結果を以下のように考察しています。音声を知覚する際には、聞き手は、脳内で音声を受け取ると同時に調音し、自身の音声と入力音声を照合しているという理論「音声知覚の運動理論（motor theory of speech perception）」があります（Lieberman et al., 1967）。実際に、英語母語話者が音声を知覚する際、音声生成に関与する脳領域（運動前野）が活動していることが、機能的磁気共鳴画像（functional magnetic resonance imaging: fMRI）を用いた研究において明らかにされています（Wilson et al., 2004）。この聞き手側の調音運動は、映像などの視覚情報（口元など）がある場合に大きな影響を受けます（McGurk & MacDonald, 1976）。つまり、私たちは、聴覚のみに頼って音声を聞いているわけではなく、口元などの視覚情報を活用しながら、発話者がどのような発音をしたのか予想し、発音の運動イメージを作り、そのイメージを聞こえた音声に重ね合わせている可能性があります。

　このように、様々な研究において、シャドーイングを繰り返すことで英語分節音を正確に知覚し、産出できるようになることが示されています。シャドーイング時にターゲットとなる音声に注意を向けるタスクを課すこと、視覚映像と共にシャドーイングを行うことで、その効果がさらに高まることが期待されます。

2.2　シャドーイングがプロソディの知覚・産出に及ぼす効果

　日本人英語学習者の英語音声の特徴の 1 つは、下記図 3 の下段に示されたように、ピッチ幅が狭い（高低さの乏しい）発話にあります。シャドーイング練習は、この狭いピッチ幅を改善させる効果があることが指摘されています（門田, 2015）。

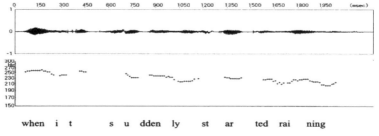

図3　日本人英語学習者（女性）の音読におけるピッチの変化
(Mori, 2011, p. 14)

　2.1で紹介したHori（2008）の研究では、シャドーイングを5回程度繰り返すことで、日本人学習者の、高低変化に乏しく平坦な英語発話が改善され、ピッチ幅（音の高低変化の幅）が広がることが示されました。また、三宅（2009）の研究においても、シャドーイングを繰り返すことにより、学習者のピッチ幅が拡大し、英語母語話者のピッチ幅に近づくことが確認されました。一方、リピーティング練習では、そのようなピッチ幅の改善は見られなかったことも報告されています。

　さらに、Mori（2011）の研究では、10週間に及ぶシャドーイングと音読を組み合わせたトレーニング前後に、I was hurrying to the concert, when it suddenly started raining. という文を音読させたところ、トレーニング後の学習者のピッチ変化は、図3から図4のようになりました。図4では、特に文末のraining のピッチが大きく下がっていることがわかります。また、raining の発話時間も、トレーニングにより長くなる傾向にあることが示されました。英語のイントネーションでは、一般的に、イントネーション句の最後の意味的に重要な単語（通例、内容語）に核（nucleus）をおいて目立たせます。その核に大きなピッチ変動が与えられます（服部, 2012）。つまり、Mori（2011）の結果は、シャドーイングを含めたトレーニングにより、英語のイントネーションが習得される可能性があることを示しています。

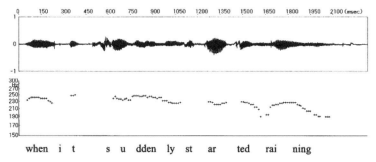

図 4　シャドーイングを含むトレーニング後の、日本人英語学習者 (女性) の音読におけるピッチの変化 (Mori, 2011, p. 14)

　それでは、学習者の英語発音、とりわけプロソディ側面を鍛えるためには、シャドーイングをどのように行えばよいのでしょうか。Hamada (2018) は、プロソディ側面に学習者の注意を向けるシャドーイング練習 (haptic-shadowing: ハプティックシャドーイング) を提案し、学習者の英語発音─中でもプロソディ側面─が向上したことを示しています。具体的なトレーニング法は、シャドーイングをしながら、文の最も強い強勢箇所で、腕を最大限に伸ばして強パンチをし、強勢がおかれない箇所は弱パンチを行うというものです (図 5)。

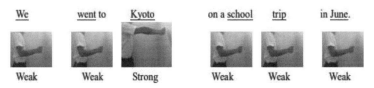

図 5　ハプティックシャドーイングの方法 (Hamada, 2018, p. 169)

　また、阿・林 (2014) では、中国語あるいはモンゴル語を母語とする日本語学習者に対して、シャドーイングあるいはリピーティング時に日本語の単語アクセント (名詞) の高低変化に意識を向けるように指示したグループ (意識群) とそうでないグループ (無意識群) に分け、トレーニング前後で単語アクセントを正しく実現できているかどうかを日本語母語話者 2 名に評定してもらいました。その結果、リピーティング学習では、意識群・無意識群共にア

クセントを正しく実現できるようになりましたが、シャドーイング学習の結果
では、アクセント意識群のみ正しく日本語アクセントを実現できるようにな
りました。この結果は、モデル音声を聞いて、学習者が発話するまでに時間
的余裕のあるリピーティング中は、学習者の意識がアクセントに向きやすい
のに対して、時間的な余裕のないシャドーイング中は、学習者の意識がアク
セントに向きにくいことを示しています（門田, 2014）。これらの実証研究は、
発話におけるプロソディ側面を向上させるためには、シャドーイング中に、
学習者の意識を特定のプロソディに向けるタスクを課す必要があることを示
しています。

3.　シャドーイングがもたらすその他の効果

　ここまで、シャドーイングが音声知覚の自動化にいかに貢献するのか紹介
しましたが、ことばの理解や獲得そのものに重要な役割を果たすことが指摘
されています。

　人間の心の中には、インプットされた情報を（脳内で操作可能な音声形式
に変換—音韻表象を形成—した上で）能動的にリハーサルするしくみ（音韻
ループ）が備わっていると仮定されています。私たちが、リーディングやリス
ニングをしている間、インプットされた情報がリハーサルされることにより、
心の中でその情報を維持することができ、ことばの理解に役立てていると指
摘されています（Kadota et al., 2015）。また、音韻ループには、インプットさ
れた情報を繰り返しリハーサルすることで、長期記憶に転送する機能がある
ことが指摘されています（Miyake, 2009）。シャドーイングには、このような
ことばの理解・獲得を支える音韻ループを効率化・高速化する効果があるの
です（Kadota et al., 2015）。

　また、シャドーイングには、コミュニケーションの基盤を作る上において
も重要な役割を果たす可能性があることが示されています（門田, 2020）。シャ
ドーイングのプロセスは、①音声知覚：聞こえてきた音声インプットをもと
に音韻表象を形成する、②統語・意味処理：構築した統語構造に意味解釈
を与える、③発音：インプット音声を即座に声に出して発音する、④聴覚

フィードバック：自分の発音を聞いてうまくできているかどうかモニタリングをする、上記の①–④を同時並行的に行っていることが指摘されています。コミュニケーションの際にも必要となる、これらの同時多重処理に対応する技能の習得がシャドーイングにより可能になります (門田, 2020)。

　ここまで上記の①音声知覚の効果を中心に紹介してきましたが、②統語・意味処理の促進 (Nakanishi, 2023)、③発音の改善 (Nakanishi et al., 2018)、④モニタリング機能の向上 (門田, 2018) も実証研究により示されています。このように、シャドーイングはリスニング技能に特化したものではなく、コミュニケーション能力の基盤を形成する効果も期待されています。

4.　シャドーイングを用いた学習・指導法とは？

　本章では、シャドーイングが主に、学習者の英語音声知覚・産出（分節音・プロソディ）に及ぼす効果について、様々な実証研究を紹介しました。英語の発音においては、分節音が正しく発音されることも大切ですが、適切なアクセント・イントネーション・リズムを実現させることがより重要であることが指摘されています (牧野, 2021)。シャドーイングは、そのプロソディの改善に大きな役割を果たすのです (2.2 参照)。

　シャドーイングの一般的な指導法は、玉井 (2017) を始め、様々な本で詳細に紹介されていますので、そちらを参考にしてください。この節では、顔動画を観ながらシャドーイングを行うことで、さらなる効果が期待できることを述べます。2.1 で紹介した顔動画シャドーイングは、分節音の知覚を向上させる可能性があることを報告しました。また、シャドーイングは同時並行処理を要求するタスクであるため、学習者にかかる負担が高くなりますが、顔動画が英語音声を知覚する上での手がかりになる可能性もあります (2.3 参照)。

　顔動画シャドーイングにより期待できる効果は、音声知覚の自動化だけではありません。たとえば、発話者の顎の動きと英語リズム生成との関係性も指摘されており (Erickson et al., 2012)、特に口の動きが大きな動画を観ながらシャドーイングすることにより、英語リズムの習得が期待できます。また、第 11 章

で記されている通り、顔動画に含まれる発話者の視線や表情などは、コミュニケーション能力を活性化させる可能性があります。自己診断テスト3「発話者の顔動画を見ながらシャドーイングをすることで、英語音声の知覚や英語リズムの獲得が期待される。」の答えは○になります。

　発話者の口元の動きがよくわかり、顔の表情も豊かな場面が多い動画、たとえば、British Council の Learn English Teens では、話し手の顔がよく見える会話の様子が収録されています。さらに、会話トピック（学校生活・仕事・旅行等）やレベル（CEFR A1–B2）も選ぶことができます。シャドーイングの教材選びでは、自分の興味がある題材で自分のレベルよりも易しめの素材を選ぶことが重要であることが指摘されています（門田, 2014）。

　また、相手の発話を忠実に繰り返すだけではなく、スピーキング力の向上につなげるために、会話形式の選択的シャドーイング（Murphey, 2001）を実施することも可能です。これは、相手の発話からキーワードのみをシャドーイングした後に、一言コメントを付け加える活動です。このようなアウトプットにつなげる活動を組み込むことで、コミュニケーションに対応できる技能も習得できる可能性があります（門田, 2018）。

■本章における学習の到達状況を確認しよう

到達目標	十分到達できた	一部到達できた	努力を要する
シャドーイングにより、音声知覚の自動性が促進されるほか、言語習得・コミュニケーションの基盤となる技能を獲得する可能性があることを理解している	シャドーイングの効果は、リスニングにおける音声知覚の自動化が促進されることを理解している	シャドーイングの方法は理解しているが、言語処理・習得・コミュニケーションプロセスとの関連については理解していない	シャドーイングの効果について理解しておらず、リピーティングの効果との違いについて理解していない
シャドーイングを用いて音声知覚の自動化を促進させる活動・コミュニケーション能力育成のための活動を提案することができる	シャドーイングを用いて、音声知覚の自動化を促進させる活動を提案することができる	シャドーイングの方法については理解しているが、具体的にどのような活動をするかは提案できない	シャドーイングとリピーティングを区別せず、漠然と授業で使用している

■理解を深めよう

　シャドーイングを用いて、学習者の音声知覚の自動化を促進させるような活動例、英語のリズムで発音できるような活動例、スピーキング活動につなげるような活動例を考えてみましょう。

■図書案内

・門田修平（2015）.『シャドーイング・音読と英語コミュニケーションの科学』コスモピア.
　シャドーイングが音声知覚・学習項目の定着のみならず、スピーキングのトレーニングにいかに役立つか理論的・実証的側面から詳細な解説が行われている。

・牧野武彦（2021）.『文レベルで徹底英語発音トレーニング』研究社.
　英語の母音・子音、アクセント、リズム、イントネーションについて、豊富な用例を用いてきめ細やかな解説が行われている。

英語識字の
習得メカニズムと指導

■この章で学ぶこと

　日本は、文字が読めない、すなわち識字できないということが理解されにくい社会でしょう。身近に文字が読めない人はいますか。本章ではまず、識字のしくみについて学びます。次に日本語と英語の識字のしくみの違いについて考えます。母語（日本語とします）の識字力の発達プロセスを十分に理解し、そのうえで、第2言語の識字の効果的な指導を検討します。識字の習得は個人差が大きいことや、そもそも生まれつき識字能力が低い識字困難という特性があることも念頭におかなくてはなりません。学習者を十分観察しながら進める適切な指導・支援を目指します。

■自己診断テスト（○か×をご記入ください）

1.　英語はアルファベットを覚えれば読める。　　　　　　　　　　　　　[　　　]
2.　スペリングは暗記するよう指導するべきである。　　　　　　　　　　[　　　]
3.　文字学習前の学習者にも、音声だけではなく文字も見せるべきである。

[　　　]

1. なぜ文字が読める？

小学生に質問しました。

　私：　　皆さんは、ひらがなが読めますね。なぜ読めるのかな？

　小学生：日本人だから

皆さんはどう答えますか？皆さんは日本語の仮名（ひらがな・カタカナ）、漢字、そして英語のアルファベットを使ったローマ字をそれぞれいつから読めるようになりましたか？どうやって読めるようになりましたか？この章を学習し終えたときには、答えることができるでしょう。

　ヒトは身体的条件と環境条件が整っていれば、生後一定期間に自然に話すようになります。しかし、自然に読めるようにはなりません。その理由は、話しことばと書きことばの歴史の違いにあります。

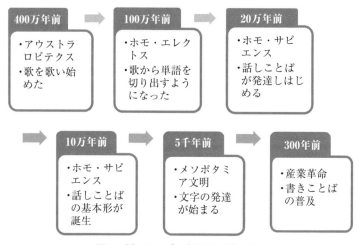

図1　話しことばと書きことばの歴史

　図1は話しことばと書きことばの歴史です。私たちの祖先であるホモ・サピエンスがことばを使うようになったのは20万年ほど前です（岡ノ谷, 2019）。その前にはアウストラロピテクスが歌い始めていて、続くホモ・エレクトスは歌から単語を切り出すことができていたそうです。その後10万年前頃になって話しことばの基本形ができました。このように長い年月をかけて進化をしてき

たヒトの脳は、話しことばを駆使できるようになりました。

　これに対して、文字文明はわずか 5 千年程前のメソポタミア文明の頃に発達し始めました。そして文字が急速に普及したのは産業革命（18 世紀半ばから 19 世紀）からです（馬場, 2018）。まだ 300 年ほどしか文字を使っていないので、私たちの脳は書きことばに対応しきれていないと言えるでしょう。聞いたり話したりとは異なり、読んだり書いたりは、教えてもらって勉強しないと習得できないことも、人類の脳の進化において文字の歴史がまだ浅いことを物語っています。

　したがって、系統立てた指導と学習が重要です。今本書を読んでいる、日本語の読み書きができる人たちの多くは、ひらがなを勉強した記憶があるでしょう。ひらがなの読み方、すなわちどんな音を表すのかをマスターすれば、目に留まるひらがなで書かれたものは、意味を知らなくても、声に出して読めて、周囲の大人に褒められたでしょう。それゆえ、日本語では「文字を勉強すれば読めるようになる」つまり、読みの学習＝文字の学習と考えてしまっても仕方がありません。しかし本来は、文字を学ぶ前に「話しことば」の獲得があり、さらに話しことばを構成している音のしくみの理解があるのです。そのうえで、絵ではない文字の役割、すなわち文字や文字列が、話しことばとして知っている何かを表しているということがわかって（気づいて）、読むという作業が成立するわけです。

　ここで整理してみましょう。図 2 は識字の学習に先行する段階を示します。

①　話しことばの獲得（Acquisition of spoken language）：一般的な母語の発達の目安は、0 から 1 歳は喃語（「あー」や「うー」）、1 歳前後に初語〜一語文（初めてのことば）、1.5 から 2 歳で二語文、だんだんと文が長くなり、4 歳から 5 歳頃にはコミュニケーションが成立するようになります。この発達には、聴解力の発達が必須です。もちろん話すためには発声できることと、そもそも話したいという意欲も必要です。

②　音韻認識（Phonological awareness）：一連の話しことばを小さい単位、すなわち文を単語、単語を音節、音節をオンセットとライム、最後

に音素までに切り分けることができる能力を指します。

音素認識 (Phonemic awareness)：話しことばの中の音節や単語の中の音素を聞き分け、識別し、音素を追加／削除／交換するなどの操作ができるできる能力を指します。

ここで音素 (Phoneme) とは話しことばを構成する音の最小単位です。英語には約 44 の音素があります。音素単位で文字に対応するので、音素認識は識字に欠かせない能力です。

③ プリントアウェアネス (Print awareness)：書きことばのルールへの気づきを指します。文字 (記号) は話しことばを表していること、左から右へ、上から下へ文字を追うことに気づきます。

④ 文字認識 (Letter recognition)：文字を認識、識別することです。アルファベット文字の場合、文字には名前と表す音があります。たとえば、文字 B の名前は /bi:/ で、表す音は /b/ です。一般的には文字の名前から学習しますが、これだけでは単語を読めません。文字の名前を先に学習しない指導法もあります。しかし Chall (1983) は、文字名を知っていることが読みの学習初期の能力を予測すると報告しています。文字名を知っていることが文字識別能力を高めているのかもしれません。しかし文字の名前を言えるだけでは不十分 (Adams, 1990) で、楽に速く、つまり自動的に文字を認識する能力が必要です (Wolf, 2007)。文字認識が自動化されていないと、多くの注意資源をここに配分しなくてはならず、文字を音にするために使うワーキングメモリが少なくなってしまうからです。

⑤ ディコーディングの学習 (Decoding rules)：文字－音対応規則 (書記素－音素対応 (Grapheme Phoneme Correspondence: GPC) 規則) の学習と活用の段階です。規則を知らなければ読めないということは、規則性の高い仮名を使う人たちにはわかりにくいかもしれません。同じアルファベットを使う言語を考えてみてください。たとえば、英語とスペイン語の場合、英語を読めている人でもスペイン語の GPC 規則を知らなければスペイン語を読めません。

　このように、英語（アルファベット言語）を読むには、話しことばを文字に対応する単位に分けることができ、文字の名前だけではなく、文字の音を知っていて、文字を音に正しく対応させなければなりません。自己診断テスト1「英語はアルファベットを覚えれば読める。」の答えは×です。

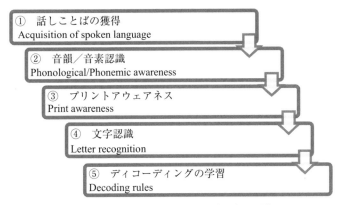

① 話しことばの獲得
Acquisition of spoken language

② 音韻／音素認識
Phonological/Phonemic awareness

③ プリントアウェアネス
Print awareness

④ 文字認識
Letter recognition

⑤ ディコーディングの学習
Decoding rules

図 2　読みの発達　読みの準備段階～読みの学習

2.　日本語の識字と英語の識字

　世界中の様々な話しことばと、それぞれの書きことば、書きことばと話しことばの対応について学びましょう。

2.1　文字 (書字) について

　世界約 190 か国で約 7,000 語（Ethnologue 25th Ed, 2022）使われており、そのうち書きことばがある（汎用性は不明）言語は約 4,000 語です。書きことばのしくみは、絵文字、表語文字、表音文字等に分類されます。

　日本語は漢字とかなで表します。漢字は中国から輸入された文字で、中国語では表語文字です。日本語では表語文字でもあり、表音文字でもあります。かな文字（ひらがな・カタカナ）は表音文字の中でも音節文字です。この 2 つを使った表記法を漢字かな交じり文といいます。英語は音素文字である Roman alphabet で表記します。音素文字は意味を表さない記号で、Roman

alphabet 以外に Greek alphabet や Arabic alphabet などがあります。日本語の
かな文字もアルファベットの一種です。

　図3は様々な文字で表す言語の識字の難しさを表す図です。難しさに影
響するのは書字体系と粒子サイズであるとする「粒子度および透明性仮説」
（Wydell & Butterworth, 1999）について説明します。粒子サイズ（粒子度）と
は、文字に対応させる話しことばの単位の大きさを表します。縦軸上で、上
に行くほど粒子サイズは大きくなります。たとえば日本語の漢字は語を表す
ことがありますので上のほうで、アルファベットは音素を表すので最も下に
あります。横軸は正書法（話しことばを書きことばで表す方法・規則）の透明
性（規則性）を表します。透明とは、文字と音の対応の規則性が高いため、読
み方が明らかで容易という意味です。逆に不透明とは、規則性が低く読むの
が難しいという意味です。左の中間あたりにかながあります。粒子サイズを
示す縦軸には音節とあり、たとえば平仮名の「ま」は1音節の /ma/ に対応す
ることを示しています。横軸の透明性については左端の「透明」です。仮名
の読み方は極めて透明、すなわち規則性が高いことを示します。英語の透明
性は中間あたりですが、粒子サイズは音素です。たとえば、read という単語
は、/r/ 、/iː/、および /d/ の3つの音素がそれぞれ r、ea、および d に対応しま
す。そして、read は /red/ と読むこともあります。ea という綴りは、/iː/ や /e/
の他にも great のように /ei/ を表すこともあります。このように、粒子サイズ
が小さい音素で、対応に不規則な部分があるので、識字が難しい区分に入り
ます。すべての正書法は、粒子サイズと透明性によってこの図のどこかに配
置されます。すなわち、識字が容易な条件は、①粒子サイズに関わらず、透
明性が高い、と②透明性が低いが、粒子サイズが大きいです。すると、図中
の色を塗った部分は識字が難しい書記体系ということがわかります。

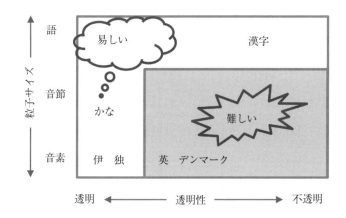

図 3　粒子性と透明性仮説：図中のグレーの部分は識字が難しい書記体系
(Wydell & Butterworth, 1999, p. 280 を筆者訳)

2.2　識字学習の進め方

準備段階

　英語の識字、すなわちアルファベット文字が読めるようになるためには、音素単位での音韻認識力が必要です。この力は幼児期に絵本、歌、ことば遊びなどで発達します。外国語として英語を学ぶ環境では、意識して英語の音や文字に触れる機会を豊富に提供しなければなりません。就学前から小学校低学年にかけては、読み書き学習開始前の準備として英語の音を聞く、まねる、音で遊ぶなど、英語圏の子どもたちに類似した体験をする機会を自然に提供できます。従来の中学校からの英語学習とは異なり、学習者の発達段階により適した活動（絵本を読んでもらう、歌う、踊るなど）ができるからです。

　絵本の読み聞かせ、歌を歌う、歌やチャンツを使って遊ぶ等、ことば遊びすべてが英語の音韻認識力を高めます。絵本のテキストも歌の歌詞も韻を踏んでいるものが多く、脚韻や頭韻をはじめとした日本語とは異なる音韻認識力、すなわち、文中の節や句の固まり、音節、オンセット－ライム、音素などの感覚を養います。図 4 は音韻認識の難易度を示します。細かく分けるほうが複雑で難しくなりますので、易しいほうからやってみましょう。

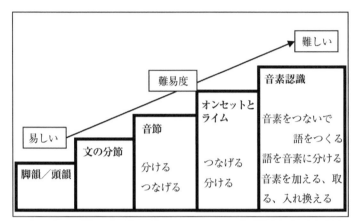

図4　英語の音韻認識の単位と難易度 (Chad & Dickson (1999) より和訳・改変)

2.3　ディコーディング：文字―音対応規則

　図3で英語は他の言語と比べて読むのが難しいことがわかりました。英語が母語の子どもたちでも、識字学習は小学校1年から3年くらいまでを要します。また、フォニックス指導法で扱う規則は、その知識を使って「単語をおおまかに読む」ためです。母語では話しことばの習得が先行しているので、部分的に読めれば、知っている語である確率が高く、語全体の読み方から逆に読めなかった部分を新たに学ぶことにつながります。外国語として学ぶ場合も、規則の導入前の準備段階で、できるだけ話しことばの語彙力を伸ばしておくと、規則の習得が進みます。また、たとえすべての規則を指導できなくても、規則性があることに気づき、ある規則を適用して読めるなら、他の規則も習得できるようです (Kawasaki, 2013)。最低限の規則を身につけるため、主体的な学びを支援しましょう。

表 1　フォニックス規則 (例)

規則	文字・文字列	単語例
1 文字 1 音： 子音 (Consonants)	b, c, d, f, g, ...	bat, cat, dog ...
1 文字 1 音： 短母音 (Short vowels)	a, e, i, o, u	ant, elephant, igloo
2 文字 1 音：子音 　　連続する 2 文字で 1 文字のときとは異なる音を表す	sh, th, wh, ck, ng	ship, this what, duck, sing
2 文字 1 音：母音		
Silent e　子音＋母音＋子音 +e	a-e, i-e, o-e	cake, bike, home
連続する 2 文字で最初の文字をアルファベットの名前読み	ai, ea, oa	rain, seat, boat
連続する 2 文字で 1 文字のときとは異なる音を表す	au, ou, ow	August, house, how

2.4　流暢な読みへ

　読むことの最終目的は、書いてある内容を理解することです。この「内容理解」と流暢に文字を読むことに関係はあるのでしょうか。図 5 は Gough & Tunmer による The Simple View of Reading (1986) です。読解は、ディコーディングと話しことばの理解（聴解）の積であるという考え方です。ディコーディングと話しことばの理解のいずれかが劣っていると読解は比例的に影響を受けます。逆に話しことばが難なく聞き取れて理解できて、ディコーディングが自動化できれば、読解は向上するということです。自動化とは注意資源とワーキングメモリ資源を使わずにタスクを遂行することですから、識字学習に先立ち、話しことばをたくさん身につけ、続く練習によって正確なディコーディングスキルを身につけることが重要です。ディコーディングを自動化させるための練習法として、GPC 規則を意識できるよう文字を見ながらシャドーイングを行う、音声を利用できる簡単な英語学習用に語彙や文の難易度を統制した読本（リーダー）を使った多読を行う、等が挙げられます。

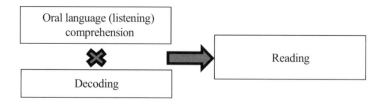

図5　Simple View of Reading (Gough & Tunmer (1986) をもとに筆者作成)

3.　識字学習・指導法

　これまでの議論から、日本語の識字力を獲得していても、英語の識字学習に際して困難を覚える学習者がいること、困難というほどではなくとも、日本語と比べて英語の識字は難しいことがわかります。できる限りディコーディングを自動化して、ワーキングメモリ資源の大半を理解に配分したいものです。この節では、この現状を踏まえて、読みの自動化 (automatization of decoding) を促進させるためには、どのような活動がよいか考えます。

3.1　理論背景

　小学生の音素認識力 (Phonemic awareness) と文字認識力の学習成果の研究から、理論的背景を説明します。

　短時間でも繰り返し音声中心の活動で英語の音や文字の認識力を養えることを示唆する研究結果を紹介します。斎藤ほか (2014) では、小学校のクラスで原則的に担任の先生が主導した活動の効果を検証しています。活動では、歌や絵本を使って文字も見せつつも、音声 (聞く、まねる等) を中心においた、アルファベット文字から簡単なディコーディングの学習まで行っています。1年生から6年生を対象 (有効数1,670人) に、以下の課題1と2を教室で一斉に、活動の開始前と7か月間の活動後の2回実施しました。

課題 1　音韻認識課題

　ペアの疑似単語[1]を聞いて、最初の音が「同じ」か「違う」かを○で囲みます。ペアの条件は、表 2 の 3 種類でした。平均正答率の活動（15 分× 12 回× 7 か月）前後での変化は 1 年 56％→ 60％、2 年 58％→ 63％、3 年生 59％→ 66％、4 年生 64％→ 69％、5 年 71％→ 76％、6 年生 69％→ 73％でした。事後テストの正答率は 1 学年上の事前テストの正答率を上回っていたので、活動の効果があったと考えられます。注目すべきは、表 2 の「③最初の子音だけが同じ」ペアでは、日英で正答が異なります。英語（音素単位）では最初の子音が /b/ ですから「同じ」、日本語（音節単位）では /me/ と /mo/ ですから「違う」です。このペアの英語の正答率は 40％ 未満でしたが、活動による効果はありました。

表 2　調査に使用した 15 組の音ペアの種類

ペアの種類	英語ペア例	正答	日本語ペア例	正答
①最初の子音が違う	tame-mame	異	ぼし - ごし	異
②子音＋母音が同じ	beak-bead	同	でく - でま	同
③最初の子音が同じ	bosh-beak	同	めど - もみ	異

課題 2　文字（大文字小文字）認識課題

　アルファベットの名前を聞いて、アルファベット 3 文字の中から正しい文字を選びます。課題の文字は、間違いが多い文字や少ない文字、名前とその文字が表す音が一致している文字（D や B）や一致していない文字（L や R）です。大文字の正答率は、全学年すべて活動前に既に 75％を上回っていて変化はありませんでした。小文字は事前の正答率に 3 年生のローマ字指導、5 年生からの外国語活動の影響が考えられるものの、全学年で伸長が見られました（高学年 92％、中学年 77％、低学年 55％）。半年間の活動で常に文字を提示したことの効果と考えられます。

1　疑似単語とは、実際には存在しない単語を指す。未知の音を処理する力が大切です。

　次は、さらに短時間での学習効果を確認した研究（Kawasaki, 2013）です。ディコーディング練習として、単語を見ながら、単語の正しい読み方を聞いて、復唱することで音と文字の規則的な結びつきが習得できると仮定した実験です。小学5，6年生と中学2，3年生に特定の綴り字（ai、au、ou、u）を含む疑似単語を音読してもらい、綴り規則の習得状況を調べました。ディコーディング練習後に中学2，3年生に、処理の自動化の指標とされる音読開始まで時間と正答率に改善が見られました。ローマ字の影響を受ける事例が減少しました。ローマ字の規則を習得していた中学生は、英語の規則を容易に学習したと言えます。すなわち、ある言語の規則を習得できた者は他の言語の規則をも習得する能力を持っていると言えるでしょう。

　ローマ字の学習と英語学習の関係について様々な意見がありますが、この実験結果からは、ローマ字体系の学習と、英語の識字体系の学習には相乗効果が期待できると言えます。ローマ字が英語の識字体系を借りて日本語の音を表していること、そのほかの言語も同じアルファベットを使っていながら、読み方のルールが異なることに気づく機会は必要でしょう。自己診断テスト2「スペリングは暗記するよう指導するべきである。」の答えは×です。

3.2　実践例

絵本を使う：音や文字との出会い

- 絵本の絵を見ながら、お話を聞き、内容を推測する
- 文字が音を表していることを知る
- 言えるところから言ってみる

絵本を選ぶときには、低学年児童には、繰り返しが多い、リズムがある、具体的で絵と言葉が対応している部分が多いもの、中学年には、指導者とQAがしやすい話、高学年には、抽象的な内容やメッセージが隠れている話、さらに自分で読めそうな単語が出てくる本を薦めます。文字という認識がなくても、絵本を見ていて、絵の他に書いてあるものが聞こえてくるお話を表していると、やがて気づき、識字の発達につながっていきます。自己診断テスト3「文字学習前の学習者にも、音声だけではなく文字も見せるべきである。」

の答えは○です。

> 表紙・裏表紙

　学習者が見えるものや知っているものを言ってみたり、読み手がクイズを出したりします。

> 読み聞かせ

　絵で内容が推測できますが、読み手のジェスチャーや声色等も理解を助けます。指で文字をたどったり、絵を指したりし、ときには、問いかけをしながらインタラクティブに読み進めます。次のページを推測するような発問もいいでしょう。

> 一緒に読む

　2回目以降は、読める（言える）ところ（繰り返される表現等）を一緒に読みます。

　年少の学習者は、内容に理解できないところがあっても、その曖昧さを許容できます。「なぜ？」「どういう意味？」といった質問にすべて日本語で説明するより、「どうしてかな？」と共に考える姿勢もよいでしょう。いつかわかったときの楽しみは大きいです。曖昧さが気になる頃には、自分で調べて理解するスキルを身につけているのが理想的です。

英語の音を聞き分ける・操作する

- 単語を聞いて、最初の音（頭子音）を言える
- 文字が表す音を知る

絵本や歌などに出てきた単語、外来語として使われている単語に加えて、未知の単語や疑似単語も使いましょう。

> 最初の音の聞き分け

　　二つの単語を聞いて、最初の音が同じか異なるかを言う

　　ペア活動例：ペアで向かいあって机の上に消しゴムなどを置く

　　最初の音が同じなら右、異なるなら左の消しゴムを取る（間違うと同じ消しゴムを取り合うことになります）。

> 最初の音の復唱から文字へ

　　聞いて、最初の音を言う

　　聞いて、最初の音を表す文字を言う

最初は指導者が問題を出しますが、学習者も交替で問題を出します。

4.　識字障がい・識字困難への理解と支援

　発達障がいの1つに学習障がいがあり、学習障がいは3つに大分類されます。読字障がい（識字障がい（dyslexia））、書字表出障がい（dysgraphia）、そして算数障がい（dyscalculia）です（図6）。このうち識字障がいは次のように定義されています。

> *"Dyslexia is a specific learning disability that is neurobiological in origin. It is characterized by difficulties with accurate and/or fluent word recognition and by poor spelling and decoding abilities. These difficulties typically result from a deficit in the phonological component of language that is often unexpected in relation to other cognitive abilities and the provision of effective classroom instruction. Secondary consequences may include problems in reading comprehension and reduced reading experience that can impede growth of vocabulary and background knowledge."*　　（IDA, 2002）

障がいの程度は、平均的な人と比べて少し困難を覚える段階から、重度まで多岐にわたり、支援も個別に対応することが多くなります。冒頭で紹介したように、日本語の文字体系が比較的容易に習得できるため、識字障がいは数パーセント未満とされてきました。容易ではあるものの、漢字とかな、ローマ字まで使用するため信頼できる非識字率データが最近までありませんでしたが、文部科学省（2012a）が学校を対象に大規模な調査を実施した結果、学習障がい（全般）のある児童・生徒の割合は4.5％でした。複雑な英語の識字では、識字障がいとされる人は3〜12％とされています。10人に1人は、英

語の読みの学習に困難を覚えると考えていいでしょう。母語が日本語の子ど
もたちには、外国語科で英語の読み書きを始める 5 年生の頃にやっと日本語
の読み書きをこなせるようになったという子もいるでしょう。この時期に英
語の読み書きの学習を始めると、壁にぶつかり、潜在的問題を自分も周囲の
人も初めて認識することになる可能性があります。それでも、識字障がいの
相談や診断を受けることは、まだ時間や労力そして社会的理解が必要である
のが現実です。アメリカでは、識字障がいはスクリーニングによって早期に
発見し対処することで、生活に支障がない程度の識字が可能になるとしてい
ます（Snowling, 2013）。

図 6　学習障がいの位置づけ

（JLSA　https://jlsa-net.jp/hattatsu/gakusyu-syogai/）

　視覚的な原因による識字困難（読み間違いが多い）を軽減するために、読み
やすい（識別しやすい）フォントを使用する動きがあります。その 1 つが日本
でも教科書や標識、案内板など様々な場所で使われるようになっているユニ
バーサルデザインフォント（UD フォント）です。詳細は、株式会社モリサワ
の UD デジタル教科書体（URL https://www.morisawa.co.jp/topic/upg201802/ ）
を参照してください。英語フォントで読みやすいものはセリフ（serif）という
文字ストロークの端にある小さな飾りがないものです。

■**本章における学習の到達状況を確認しよう**

到達目標	十分到達できた	一部到達できた	努力を要する
識字のしくみとその難しさを説明できる	識字のしくみも難しさ、特に英語の識字の難しさについて十分説明ができる	識字のしくみは概ね説明できるが、日英の違いに伴う英語の識字の難しさは説明できない	識字のしくみも難しさも説明できない
識字力獲得のために効果的な活動を組み立てることができる	識字習得の順序や難易度を考慮して効果的な活動が組み立てられる	活動の難易度に間違いはあるが概ね効果的な活動が組み立てられている	習得の順序や難易度の理解不足で、適切な活動を組み立てられない

■**理解を深めよう**

　英語の綴りは規則性が低いほうですが、フォニックス等の規則の指導には意義があります。また、指導の結果、単語が読めるようになっても音声教材の活用には意義があります。それぞれの理由を考えてみましょう。

■**図書案内**

湯澤美紀・湯澤正通・山下佳世子 (2017).『ワーキングメモリと英語入門』北大路書房.
　識字力発達におけるワーキングメモリの役割を研究成果をもとにわかりやすく説明し、子どもたちが英語の識字力を獲得するための遊びを紹介。

メアリアン・ウルフ (著)・小松 淳子 (翻訳) (2008).『プルーストとイカ：読書は脳をどのように変えるのか？』インターシフト.
　人の脳が読むことにどのように進化・適応してきたか、そして今後は？

門田修平・高瀬敦子・川﨑眞理子 (2021).『英語リーディングの認知科学：文字学習と多読の効果をさぐる』くろしお出版.
　英語リーディングの習得をささえる認知プロセスについて、音韻符号化やワーキングメモリを中心に紹介。実際にどんな実践が効果的なのかについて解説する。

第4章

語彙処理のメカニズム

■この章で学ぶこと

　人の言語処理においては様々な認知プロセスが関わっていると考えられますが、語彙処理はその認知プロセスのほとんどの段階に先立って行われるため、特に重要性が高いと考えられます。本章では、まず語彙処理の前提となる心内辞書 (mental lexicon) に貯蔵されている語彙的知識にはどのような情報があるかを示します。次に、書きことばとして視覚的に提示された語彙の認知処理過程に焦点を当てます。その際には、特に同綴異義語というやや特殊性のある語彙項目を使用した心理言語学的研究を紹介しながら、語彙が単独で提示された場合と、語彙が文脈の中で提示された場合の認知処理過程それぞれに注目します。そして最後に語彙処理のスピード (流暢性) という側面に焦点を当てて、語彙力の測定方法を紹介します。

■自己診断テスト (〇か×をご記入ください)

1. 学習者が文字として書かれた英単語を理解するためには、文字による形態的な情報、音声 (音韻) 情報、そして意味情報の順に処理が進む。この順序は一方向的で、その他の順序は考えられない。　　　　　　　　　　[　　]

2. 語彙力について考える際には、単語をどの程度たくさん知っているかという点と、それぞれの単語をどの程度深く知っているかという2点のみが重要である。　　　　　　　　　　　　　　　　　　　　　　　　　[　　]

1. 心内辞書 (メンタルレキシコン) の構造

　語彙処理 (lexical processing) について考える際には、前提として人が心内に語彙の知識をどのように蓄えているのかという点について把握しておくことが必要になります。これまでの多くの先行研究によって、人の心内には単語の知識を蓄える辞書のようなものがあるということが明らかにされています。この心内にある語についての情報の集合を心内辞書といいます。以下、本節では、この心内辞書のもつ情報に関して、簡略的なモデルを用いて見ていきます。

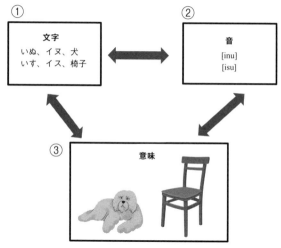

図1　心内辞書における音・文字・意味の関係

　図1は心内辞書における語彙のもつ情報について「犬 (いぬ、イヌ) と椅子 (いす、イス)」を例として説明しています。①は英単語の形態的な情報 (文字、綴り)、②は音声的な情報 (単語がどのような音で発音されるのか)、③は意味的な情報 (対象物のイメージ、概念的な情報) をそれぞれ心内辞書が貯蔵していることを示しています。さらに、両方向に伸びている矢印は、それぞれの情報が心内辞書において相互に結びつく形で貯蔵されていることを意味しています。

　図1のように、心内辞書には語彙のもつ様々な情報が貯蔵されていると考えられますが、人は単語を認知した際にこれらの情報へどのように心内でアクセスするのでしょうか。語彙的知識が心内辞書にどのように貯蔵されているのかということは重要なトピックの1つですが、語彙自体を人がどのように認知的に処理するのかということも重要なトピックと思われます。次節以降では、特に人が英単語を視覚的に見た際に語のもつ形態、音韻、意味というそれぞれの情報を心内でどのように認知的に処理するのかを見ていきます。

2.　語彙のもつ情報（形態、音韻、意味）へのアクセス

　前節では心内辞書にはどのような語彙の知識（情報）が貯蔵されているのかという構造的な側面に着目しましたが、本節では書きことばの認知処理に焦点を当てながら、その語彙のもつ情報（形態、音韻、意味）の処理過程（語彙アクセス）について見ていきます。

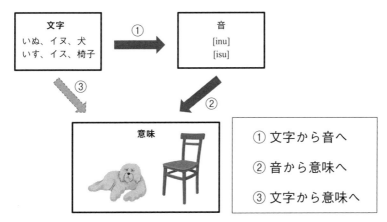

図2　心内辞書における形態・音韻・意味へのアクセス経路

　図2は人が英単語を視覚的に認知する際に心内辞書における語の形態、音韻・意味というそれぞれの情報へどのような順番でアクセスするのかを簡略的に示しています。前節の図1と同様に、図2は心内辞書における語彙情報

として「犬（いぬ、イヌ）と椅子（いす、イヌ）」を例として提示していますが、一方向の矢印により情報処理の段階と方向性を示している点で異なっています。図2では、それぞれの矢印に①から③の番号が付いています。図の右下に書かれているように、それぞれの番号が示す矢印は語彙のもつ形態、音声、意味の各情報がどのような順番で処理されるのかを示しています。基本的に人は視覚的に提示された英単語を認識すると、最初に形態（文字および綴り）の情報を認識します。そして認識した形態（文字）情報に結びついている音（音韻の情報）を心内で符号化（音韻符号化）し（図2の中の①）、その後、最終的に意味情報へ到達（意味アクセス）する（図2の中の②）と考えられています。

　しかし、語を視覚的に認知するすべての場面において、人は形態情報を認識した後に音韻符号化を経由して意味情報へ到達する過程を経るわけではなさそうです。先行研究では図2で示されている③のように語彙の形態情報を認識した後に意味情報へ到達する直接的なアクセス経路の存在も想定されています（門田, 2006）。ただし、図2で③の矢印が点線でやや薄く描かれているように、この直接的な経路（語彙ルート：lexical route）は、②の音韻符号化を経由して意味へ到達する経路（集積ルート：assembly route）と同列的に常に使用されるわけではないとも先行研究では考えられています。そして、語彙処理の際に③の語彙ルートがどの程度使用されるかは、認知的な処理の対象となる言語の性質、第2言語の処理の場合は母語の性質（たとえば、日本語が母語の場合、漢字の処理過程の影響）、習熟度等が影響を与える可能性もあります。

　語彙の認知処理過程については、形態や音の中にもより細かい情報のレベルを仮定したり、処理過程自体もより複雑なものを仮定しているモデルが他に存在しますが、本節では視覚的に提示された語彙に関する二重経路モデルをもとにして説明を展開しました。ここで自己診断テスト1「学習者が文字として書かれた英単語を理解するためには、文字による形態的な情報、音声（音韻）情報、そして意味情報の順に処理が進む。この順番と段階性は一方向的で、その他の順序は考えられない。」の答えは×ということがわかります。本節で扱ったモデルをもとに考えてみても、書きことばとしての語彙処理の過

程としては、実際は主に 2 種類の経路が想定されていて、主に音韻符号化を
媒介するルートが使用されますが、形態情報から直接的に意味に到達する語
彙ルートも存在するということが想定できます。

3.　語彙の認知処理に関する実証研究

　前節では書きことばに限定して、単語が単独で提示された場合の認知処理
に関して形態、音韻、意味の 3 つの情報へのアクセスを中心として見ました。
次に本節では、英語の同綴異義語（homograph）というやや特殊性をもった語
彙項目に関する認知処理を扱いながら、単語が単独で提示された場合と文脈
の中で提示された場合のそれぞれの条件下で単語がどのように認知的に処理
されるのかを見ていきます。

3.1　同綴異義語とは？

　同綴異義語とは 1 つの綴りであるのにもかかわらず複数の意味をもってい
る語のことです。たとえば、bank は同綴異義語の 1 つとして挙げられ、「銀
行（a financial institution）」という意味と「土手（a river side）」という意味を
もっています。過去に多くの先行研究がこの同綴異義語の特徴を利用して、
英語母語話者を対象として、言語の処理プロセスの解明を目的として様々な
角度から研究してきました（Duffy et al., 1988; Onifer, & Swinney, 1981; Rayner,
& Frazier, 1989; Simpson, 1981, 1984; Swinney, 1979）。その中でも特に中心的
に議論されてきたトピックの 1 つとして挙げられるのは、文脈内で同綴異義
語を処理する際の認知過程です。たとえば、以下の英文を読む際に読み手は
同綴異義語である court をどのように処理するでしょうか。

1a）The top player practiced really hard on the court.

1b）The judge pronounced judgment on him in the court.

1a）は同綴異義語である court の「テニスコート」の意味を想起させる文脈で
すが、一方で 1b）は「裁判所」の意味を想起させる文脈です。ここで重要な

点は、それぞれの英文を最初から読み進める中で同綴異義語である court を視覚的に認知した際に、court のもっている複数の意味が心内でどのように活性化されるのかという点です。たとえば、同綴異義語のもつ複数の意味がまず心内で活性化された後で文脈によって意味が 1 つに絞り込まれるのか、それとも文脈の影響によって始めから 1 つの意味のみが活性化されるのかが重要な点となります。つまり、英文読解の認知過程において単語認知と文脈の処理がそれぞれどのように働いているのか、この点を検証することで英文読解の認知メカニズムの解明に貢献できると考えられています。これまでは英語母語話者を対象とした研究が多く行われてきていましたが、近年では少しずつ第 2 言語学習者および日本人英語学習者を対象として同綴異義語の処理を検証している研究も増えてきています。次節では日本人英語学習者を対象として、同綴異義語の単独での認知処理と英文読解時の認知処理のそれぞれを検証した研究を紹介します。

3.2　単独で提示された同綴異義語の認知処理

　Miki (2014) ではプライミングという手法を用いた心理言語学的な実験課題によって、単語単独レベルでの日本人英語学習者の同綴異義語の処理について検証しています。研究の主な目的は、同綴異義語を単独で提示した際に、日本人英語学習者が複数の意味をそれぞれどの程度活性化させるのかを検証することでした。

　Miki (2014) では語彙性判断課題 (lexical decision task) と意味的関連性判断課題 (semantic relatedness judgment task) を実験課題として採用しています。語彙性判断課題とは、画面に提示された英単語が実際に存在する単語であるかどうかを判断する課題で、この課題では多くの場合は判断の際の反応速度と判断自体の正しさ (正答率) をデータとして分析します。意味的関連性判断課題は、2 つの英単語が意味的に関連しているかどうかを判断する課題です。Miki (2014) では日本人英語学習者の同綴異義語の認知処理を検証するために意味的関連性判断課題に焦点を当て分析しました。

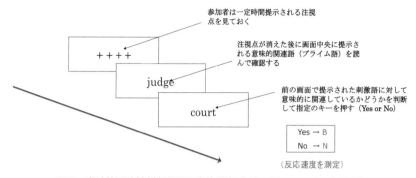

図 3　意味的関連性判断課題の実施手順 (Miki, 2014, p. 26 を改変)

　図 3 は Miki (2014) で実施された意味的関連性判断課題の手順を示してい
ます。課題遂行時の一連の手順は次の通りです。まず、はじめにパソコンの
画面に注視点（＋＋＋＋）が提示され、参加者はその注視点を注視するように
指示されます。次に、プライム語（先行刺激）が提示され（図 3 では "judge"）、
その後の画面で同じ位置にターゲット語（心理学や心理言語学的実験課題に
おいて、何らかの判断が求められる対象となる語のことを言います。図 3 で
は "court"）が提示されます。ここで参加者は、前に提示された "judge" に対
して "court" がどの程度意味的に関連性があるかを 4 段階で判断するように
（「ほとんど関連していない」を数字の 1、「かなり関連している」を数字の 4
と設定して対応するキーボードを押すように）求められました。

　この実験課題の重要な条件は、使用された同綴異義語のもつ複数の意味の
出現頻度が同程度である（balanced 条件）か、差がある（biased 条件）かです。
たとえば、前節冒頭で提示した bank では「銀行（a financial institution）」の
意味のほうがかなり高頻度であり、「土手（a river side）」の意味は低頻度なの
で、bank は biased 条件の同綴異義語（biased homograph）として扱われます。
一方、court のもつ「テニスコート（tennis court）」と「裁判所（law court）」の
意味はそれぞれ同程度に出現頻度が高いので、balanced 条件の同綴異義語
（balanced homograph）です。

　Miki (2014) では前述のように 2 種類（balanced と biased 条件）の同綴異義
語を対象にそれぞれの意味に対する関連語を提示して参加者に意味的関連性

を判断してもらうことで、日本人英語学習者が同綴異義語のもっているそれぞれの意味をどの程度強く心内で活性化させるかを検証しました。その結果、日本人英語学習者は概して同綴異義語がもつ複数の意味の出現頻度が高い1つ目の意味をより強く活性化させる可能性が高いことが示されました。つまり同綴異義語の複数の意味へのアクセスには偏りがある傾向が示唆されました。ただ、同綴異義語の中でも個別に見てみると、単語によっては日本人英語学習者も複数の意味へ同程度アクセスする可能性があるということも Miki (2014) では述べられています。次節では、文脈に同綴異義語が含まれている場合に、日本人英語学習者がどのように同綴異義語のもつ複数の意味へアクセスするのかを検証した研究を紹介します。

3.3　文脈内での同綴異義語の認知処理

　Elston-Güttler & Friederici (2005) は英語母語話者とドイツ語母語話者を比較する形で、文脈を処理する読解過程の中での英語の同綴異義語の認知処理を検証しています。ここでは英文をプライムとして使用する実験 (sentence priming experiment) を行っています。また同時に脳波の測定も行うことで、文脈を処理する中で同綴異義語へのアクセス、つまり意味の活性化がどのように脳内 (心内) で行われているのかを検証しています。主な結果は以下の通りです。

　①第2言語として英語を使用するドイツ人英語学習者に対しても、英語母語話者と同様に、2段階の処理プロセスが仮定できる。つまり、視覚的に提示された同綴異義語を見た際に第1段階として複数の意味へアクセスを行う。そして第2段階で文脈による影響が現れ、意味の絞り込みが行われる。

　②ドイツ人英語学習者は英語母語話者に比べて文脈の利用の速さが遅い傾向にあった。

　Elston-Güttler & Friederici (2005) によって得られたこれらの結果を考えると、少なくとも複数の意味が活性化するという点においては英語母語話者と類似しているようです。また、この点は第2言語学習者を対象とするその他の先行研究の結果ともほぼ一致しています (Love et al., 2003)。

　しかしながら、Elston-Güttler & Friederici (2005) を含め、これまでの先行

研究の対象は ESL（English as a second language）の学習者がほとんどです（Hu et al., 2011; Love et al., 2003）。ESL に比べて言語インプットの量、アウトプットの量ともに限られる EFL（English as a foreign language）環境を考えると、日本人英語学習者の英語の同綴異義語へのアクセスはこれまでの先行研究の結果とは異なる可能性もあります。加えて漢字、ひらがな、カタカナを使用する日本語はアルファベット言語とは大きく性質が異なり、この違いも語彙の処理速度や正確さに影響を与える可能性があるかもしれません。ここからは、ESL 環境にある学習者を対象にした研究とは異なり、EFL 環境における日本人英語学習者が英文読解時に同綴異義語をどのように認知処理するのかを、Miki（2016）で実施された実験課題に注目して説明します。

　Miki（2016）では、Miki（2012）に基づいて、同綴異義語のもつ複数の意味の出現頻度が同程度に高いもの（balanced homograph）と偏りがあるもの（biased homograph）に分類したうえで、24 名の日本人英語学習者を対象に自己ペース読み課題（self-paced reading task）と意味的関連性判断課題を合わせた複合的な課題を実施しています（図 4）。まず参加者はスペースキーを押して、順番に 1 語ずつ読み進める形で英文読解を行います（自己ペース読み課題）。英文を読み進めると最後に空欄が提示され、参加者はそのまま次の画面に進むように求められます。その後、画面に同綴異義語（図 4 では "organ"）が提示されるので、この同綴異義語が前の画面で提示された空欄の中に入る語として適切かどうかを 4 段階で判断します。ここでは文脈に適合する度合いを判断してもらうことで文脈の中で確実に同綴異義語を処理してもらうという意図があります。そして、最後に前出の同綴異義語に対して意味的に関連する単語が次の画面で提示され、ここで参加者はこの英単語とターゲットとなっている同綴異義語の間の意味的関連性を判断します。この判断を課題として課すことには、前出の同綴異義語を文脈の中で処理した際にどのような意味を活性化させていたかを測定するという狙いがあります。

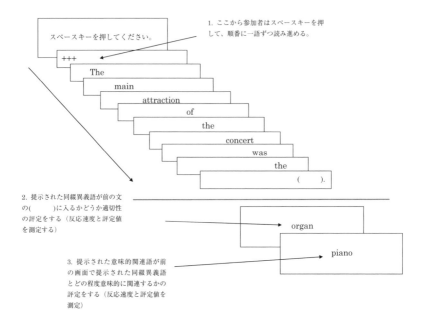

図 4　複合課題の実施手順（Miki, 2016, p. 54 を和訳版に改変）

　実験結果は、日本人英語学習者が英文読解時に同綴異義語をどのように処理するのかは同綴異義語の分類（balanced homograph か biased homograph）によって異なるということでした。Balanced homograph の場合は英文読解時であってもその語を認識した際に複数の意味を活性化させる可能性があり、その後の段階で文脈の影響が現れるという傾向が見られました。一方で、biased homograph の場合は意味の活性化に偏りがあり、特に出現頻度の低い意味については前出の文脈がその意味を想起させるような内容であっても活性化が弱い可能性が示唆されました。これらの結果から言えることは、日本人英語学習者が英文読解時に同綴異義語を処理する際にはその語のもつ意味の出現頻度およびその語に対して学習者がもっている語彙に関する知識が影響を与えるということです。要は語の意味頻度が前提となって、語彙処理に対して現れる前出の文脈効果に違いが出る可能性があるということです。

4.　語彙アクセスにおける流暢性 (スピード) の測定

　語彙の知識には、どれくらいたくさんの語を知っているのかという「語彙知識の広さ」と、ある特定の語についてどの程度詳しく知っているのかという「語彙知識の深さ」が主に存在するとこれまで語彙に関する多くの先行研究では述べられています (Nation, 2022; Read, 2000)。これに加えて、正答か誤答かによって測定される語彙知識、すなわちその語のことを知っているか知らないかとう知識的な側面のみに注目するのではなく、その語に対してもっている知識がいかに早く想起されるかも、語彙力について考える際の別の観点としてとても重要であると思われます。本節では、この「語に対してもっている知識がいかに早く想起されるか」という語彙アクセスにおける流暢性という側面に注目しながら、その測定を目的として開発が進められてきている CELP テスト (Computer-Based English Lexical Processing Test: CELP Test) について紹介します。

4.1　語彙の単独処理における流暢性 (スピード) の測定

　門田ほか (2014) では、語彙処理の流暢性を測定する目的で CELP テストを開発しました。この門田らの研究では、連続して提示される 2 つの英単語間に意味的な関連性があるかどうかを判断する意味関連性判断課題を使用した CELP-Sem (CELP-Semantic Relatedness Judgment Task) と、提示された英単語が実際に存在する単語であるかどうかを判断する語彙性判断課題を使用した CELP-Lex (CELP-Lexical Decision Task) の 2 つのバージョンが開発されました。図 5 は CELP-Sem の課題実施手順の流れを示しています。

　このように、CELP-Sem では 2 つの英単語の間の意味的な関連性を判断する課題を遂行しているわけです。この判断における反応速度を測定することで、参加者の語彙の処理速度を見るという意図があります。

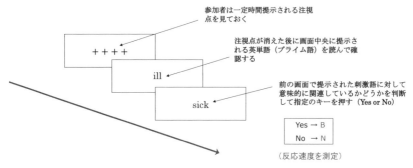

図5　CELP-Sem の課題実施手順

4.2　多重処理における語彙処理の流暢性 (スピード) の測定

　Kadota et al. (2015) では、コミュニケーションの際の理解、概念化、産出という多重処理における語彙運用能力の測定を目指し、CELP-Com (CELP Test for Communication) を開発しました。以下に CELP-Com のおおまかな手順を示します。

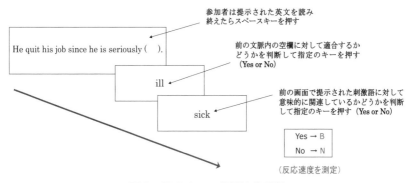

図6　CELP-Com の課題実施手順

　この CELP-Com では課題実施手順の中で主に3つの段階が設定されています。空欄と共に提示された英文を読む段階 ((1) 文脈処理課題)、次に画面に提示された英単語が前の段階で読んだ英文の空欄に対して適合するかどうかを判断する段階 ((2) 適合性判断課題)、さらにこの適合度判断において提示

された英単語に対して後続して提示された別の英単語が意味的に関連しているかどうかを判断する段階（(3) 意味関連性判断課題）です。特に重要になるのは、(2) の適合性判断課題と (3) の意味関連性判断課題です。適合性判断課題では参加者は、パソコンの画面に提示された英単語が前出の文脈に適合するかどうかを判断し、キーボード上で指定されているキーをできるだけ早く正確に押して回答します。文脈の中に位置づけられている語彙情報を心内で認知的に処理する速度を測定することを意図しています。そして、この際に処理している語彙の意味表象が心内で正しく処理（活性化）されていることを後続する意味関連性判断課題で確認しています。この CELP-Com テストは前節 (4.1) で紹介した、CELP-Sem、CELP-Lex とは異なり、実際のコミュニケーションにおける言語運用能力を測定できる可能性があるという意味でより発展的なテストであると思われます。

4.3　語彙処理の速度に注目することの重要性

　4 節の冒頭、また 4.1 で述べたようにこれまで語彙力というものは主に「語彙知識の広さ」と「語彙知識の深さ」という 2 つの側面から捉えられることが多くありました。しかしながら、それらによって測定される語彙知識（語彙力）はあくまでも静的なものであり、実際のコミュニケーションで使用される言語能力のもとになるものの、言語の運用面に関する能力とはやや異なるものです。CELP-Com は、このコミュニケーションにおける言語運用能力を測定することを意図しているという点で、これまでに広く実施されてきたいわゆる従来型（紙媒体での実施のものが主）の語彙力測定テストよりも実際的な能力を測っていると言えるでしょう。語彙処理のメカニズムを考える際には、語彙を単独で認知する際の処理と、文脈内で認知する際の処理の 2 つのレベルを念頭におくことが重要だと思われます。これに対応して語彙の認知処理能力も語彙単独での処理能力と、文脈内での処理能力の 2 つのレベルで測定されるべきと考えられます。

　本節では、語彙処理の流暢性を測定するテストとして CELP テストを紹介しました。ここまでの内容をもとに、自己診断テスト 2「語彙力について考える際には、単語をどの程度たくさん知っているかという点と、それぞれの単

語をどの程度深く知っているかという2点のみが重要である。」の答えは×ということになります。語彙の運用に関する側面（認知的な処理速度、流暢性）については今後さらに多くの研究が実施されるべきと思われます。

■本章における学習の到達状況を確認しよう

到達目標	十分到達できた	一部到達できた	努力を要する
心内辞書における語彙情報へのアクセス経路やその順序を説明できる	心内辞書における語彙情報へのアクセス経路やその順序をモデルを示して説明できる	心内辞書における語彙情報へのアクセス経路やその順序をモデルを示して概ね説明できる	心内辞書における語彙情報へのアクセス経路やその順序が説明できない
語彙力の測定について考える際に、どのような点に注意する必要があるか説明できる	語彙力の測定について考える際に、注意する必要がある点を具体的に提示しながら、十分な説明ができる	語彙力の測定について考える際に、注意する必要がある点を具体的に提示しながら、ある程度の説明ができる	語彙力の測定について考える際に、注意する必要がある点提示することが難しく、説明もできない

■理解を深めよう

　語彙力を測定する場合に、語彙知識の広さと深さのみに限定してペーパーテストを実施することにはどのような問題点、もしくは改善点があると思いますか。語彙力の運用面と、様々な言語の使用における技能との関わりを念頭において論じてください。

■図書案内

・ **Webb, S. (Ed.). (2020).** *The Routledge handbook of vocabulary studies.* **Routledge.**
　国際的に第一線で活躍されている語彙の研究者たちによって語彙に関するトピックが包括的に解説されている。

・ **Nation, I. S. P. (2022).** *Learning vocabulary in another language* (3rd ed.). **Cambridge University Press.**
　語彙研究を広く全般的に扱っている書籍。ある程度平易な英語で書かれており、関連分野の基礎を学び始めるにはとても良い。

・ 門田修平・池村大一郎（編著）(2006).『英語語彙指導ハンドブック』大修館書店.
　語彙に関する理論的な側面や実証研究による成果を踏まえながら、語彙指導につい
　て実践的な側面に焦点を当てている。

・ 門田修平（編著）(2003).『英語のメンタルレキシコン』松柏社.
　語彙の獲得・処理・学習について、心理言語学的な研究を多く紹介しながら包括的
　に解説している書籍。和書の中では語彙の認知的側面について最も幅広く扱ってい
　る。

語彙学習のメカニズム

■この章で学ぶこと

　外国語学習には様々な側面がありますが、その中で最も根本的かつ重要なものの1つとして語彙学習が挙げられます。本章では、語彙学習の分類や語彙知識にはどのようなものがあるのかについてまとめたうえで、学習の成功のために重要な「量」と様々なレベルの注意の「質」について、豊富な実例や学術的知見を踏まえながら解説します。さらに、注意資源と累積的潜在記憶という最新の知見について紹介し、語彙指導の具体的な方法についてのアイデアを説明します。

■自己診断テスト（〇か×をご記入ください）

1. 英単語とその日本語訳のペアを完璧に暗記できていれば、その単語をマスターしたといえる。　　　　　　　　　　　　　　　　　　　[　　　]

2. 繰り返し学習しなければ長期記憶を形成することができない。　　[　　　]

3. 同時に覚えようとする内容が多すぎると、学習効果がかえって減少してしまうことがある。　　　　　　　　　　　　　　　　　　　　[　　　]

1. 偶発的学習と意図的学習

　語彙学習は、大きく偶発的学習(incidental learning)と意図的学習(intentional learning) に大別されます。偶発的学習とは、特に単語を覚えることを主目的としない活動を通して、特に意識することなく付随的に単語を覚えることを指します。たとえば、何気なく英語の動画を見ているうちに新しい単語を覚えたり、会話をしているうちに新しい表現を身につけたりする状況が偶発的学習にあたります。一方、意図的学習とは意識して単語を覚えようと努力することを指します。たとえば、単語帳を使って英単語と訳語を暗記したり、わからない単語を辞書で調べて意味を確認してノートをとったり、語彙学習を主目的とする活動 (語彙テストなど) に取り組む状況が意図的学習にあたります。実際には、Barcroft (2020) が指摘するように、偶発的学習と意図的学習は連続体であり、学習活動が必ずどちらか一方に分類できるわけではありません。たとえば、読書中に内容理解の上で重要な単語の意味をさっと調べる場合は、両方の特徴を備えた活動であると考えられます。とはいえ、様々な語彙学習活動を分類したり研究の目的や手法を設定したりする上で便利なため、偶発的学習と意図的学習という分類法は広く用いられています。第 1 言語 (母語) 獲得のプロセスでは偶発的学習の比重が高いとされていますが、第 2 言語 (外国語) 学習においては意図的学習も偶発的学習と同様に重要であり、相補的であることが知られています。

2. 語彙知識の諸側面：形態・意味・使用×受容知識・産出知識

　知っている英単語をいくつか思い浮かべてみてください。なぜあなたはその単語を知っているといえるのでしょうか。そもそも、単語を知っているとはどういうことなのでしょうか。本当にあなたはその単語を知っているのでしょうか。このような思索に導かれるのは哲学者だけではありません。語彙学習について考えるうえでも、語彙知識の諸側面は重要なトピックの 1 つです。Nation (2013) による有名な分類によると、「単語を知っている」ことには形態 (form)・意味 (meaning)・使用 (use) についての次のような様々な側

面が含まれます（表 1）。

表 1　語彙知識の諸側面 (Nation, 2013, p. 49; 2020, p.16 など)

形態	音声	R	その単語の音を知っている
		P	その単語を正しく発音できる
	綴り	R	その単語の綴りを知っている
		P	その単語を正しくつづることができる
	語の構成	R	その単語の構成を理解している
		P	どんな語の構成要素が必要かわかる
意味	形態と意味	R	綴りや発音から意味がわかる
		P	意味を示すための綴りや発音がわかる
	概念と指示対象	R	その単語の概念に何が含まれるのかわかる
		P	その概念が指示しうる対象がわかる
	連想	R	その単語が連想させる他の単語がわかる
		P	似た意味の類語や代替表現を知っている
使用	文法機能	R	その単語が使われる文法パターンがわかる
		P	その単語を正しい文法パターンで使える
	コロケーション	R	その単語を含む定型表現がわかる
		P	その単語を含む定型表現を使える
	使用上の制約	R	その単語を見聞きする状況や頻度がわかる
		P	その単語を使用する状況や頻度がわかる

注) R = 受容知識 (Receptive Knowledge, リーディングやリスニングで必要となる、対象言語のインプットを理解できる能力)、P = 産出知識 (Productive Knowledge, ライティングやスピーキングで必要となる、対象言語でアウトプットできる能力)

たとえば、「suggest」という単語を読んだり聞いたりして「提案する・示唆する」という意味がわかったり（受容知識）、「提案する・示唆する」という内容を書いたり話したりするために「suggest」が思い浮かんだりすれば（産出知識）、たしかに、「形態と意味」についての知識はあるといえるでしょう。ですが、「次に進もうと提案した」と伝えようとして「*I suggested to move on.」[1] と言ってしまったり（産出知識）、「*I suggested to move on.」と書かれているのを見て違和感を感じたりしなければ（受容知識）、「文法機能」についての知識は不十分であるといえます（「suggest」に続くのは that 節か動名詞です）。また、「suggest」の語源がラテン語で「下から（sub-）＋持ってくる（gest）」であるこ

1　文頭の * は文法的に正しくない文を示します。

とを知っていたり（語の構成についての受容知識）、「propose」や「advise」などの類義語で正しく言い換えたりすることができれば（連想についての産出知識）、「suggest」についてよりたくさんの知識をもっているといえるでしょう。別の例では、「take」や「in」の意味を知っていても、「take in」で「だます」という意味になることがあることを知らないかもしれませんし（コロケーションについての受容知識）、見聞きしたときに意味を理解できたとしても実際に自分が発話や作文をするときには思い浮かばない可能性もあります（コロケーションについての産出知識）。語彙知識は漸進的に発展するため、表1のすべての知識側面の習得をはじめから一気に目指すことは現実的ではなく、負荷をかけすぎる学習法は望ましくもありませんが、語彙知識には様々な側面があることを理解しておくことは重要です。自己診断テスト1「英単語とその日本語訳のペアを完璧に暗記できていれば、その単語をマスターしたといえる。」の答えは×です。

3. 学習の「量」(quantity of learning)：繰り返し学習

　一度だけ見聞きした単語や一夜漬けで勉強した知識は、すぐに忘れてしまったり思い出すのに時間がかかったりしてしまいがちです。このような現象を説明する理論として、インターネット上の記事などでもよく目にするエビングハウスの忘却曲線（forgetting curve）のことを思い出す読者がいるかもしれません。記憶研究の先駆者として有名なドイツの心理学者ヘルマン・エビングハウスは、無意味な文字列のリストを暗記する課題における節約率（ふたたび暗記し直すのにかかる時間がどの程度短縮されるか）に着目した実験を行い、一度学習した項目を繰り返し学習することで節約率が向上することを示しました（Ebbinghaus, 1885）。この実験結果は、繰り返し学習（repetition）をすることで顕在記憶が定着し、忘れにくくなることを示唆しています。また、繰り返し学習の効果はリストを暗記しようとする意図的学習に限られるわけではなく、偶発的な学習にも当てはまります。意図的な繰り返し学習の場合、同じ日に集中して何度も学習するのがよいのか（集中学習）、間隔をあけて何度も学習するのがよいのか（分散学習）、疑問に思うかもしれません。こ

れまで多くの記憶研究がなされてきましたが、第 2 言語習得における実証研究を踏まえた中田 (2019) によると、概して、長期的な知識の定着のためには分散学習のほうが効果的であることが報告されています (分散効果 spacing effect)。また、1 回目の学習と 2 回目の復習の間にどの程度の間隔をあけるべきなのかについては、間隔が長い方が長期的な知識の定着に効果的であることが実証されています (遅延効果 lag effect)。

　偶発的な繰り返し学習の効果があるとされているのが多読 (extensive reading)・多聴 (extensive listening) です。このような偶発的学習は、意図的学習に比べてより多くの学習回数を必要することが知られていますが、読書を楽しむ中で、何度も同じ単語を見たり聞いたりしているうちに自然と覚えることができるわけです。まとめると、学習の「量」を確保すること――つまり、十分な間隔をあけて、何度も見聞きしたり、学習したりすること――が、語彙学習の成功の鍵の 1 つであるといえるでしょう。

4.　注意の「質」(quality of attention)：一度でも深い学習

　前節では、繰り返し学習することが大切であるということを確認しました。しかし、それだけでは語彙学習を説明することはできません。読者の皆さんの中には、何回復習してもなかなか覚えられなかった知識がある一方で、ほんの数回しか見聞きしていないにもかかわらず、強く印象に残っている知識があるという経験はないでしょうか。

　例として、わずかなインプットで長い単語の形態を覚えたり、一回だけのインプットで単語の形態と意味を覚えたりした経験についてお話ししましょう。筆者 (金澤) がフランス語 (French) の勉強をし始めていた頃、(レベル的には無謀なのでお勧めできませんが) 趣味で哲学講義のオーディオブックを聞いていたことがあります。その時、哲学者アンリ・ベルクソンの名著『物質と記憶』の出版年である「1896 年」を表現するのに、やけに長い「ミルウィサンキャトゴォヴァンセーズ」という言い方をしていることに気づきました。後にそれが「1000 ＋ 800 ＋ 4 × 20 ＋ 16 (mille huit cent quatre-vingt-seize)」という中世ヨーロッパの 20 進法を引き継ぐ由緒ある表現であることを知ったときは、驚き

を覚えると共に好奇心をそそられ、この表現をすんなり記憶してしまったこと
を覚えています。さらに、上記の学びの後、ヌーシャテル（フランス語圏スイ
スの都市）に短期滞在中、レストランの会計時に「90」の数字があったので意
気揚々と「quatre-vingt-dix（4 × 20 ＋ 10）」と発音したところ、ウェイトレス
に「nonante（90）」と訂正されたことがあります。最初は混乱したものの、こ
の経験はフランス語の地域差に関心をもつきっかけになりました。その後この
数詞を聞くことは一度もありませんでしたが、約1年たった頃、ベルギーの歌
手 Angèle の新アルバム「Nonante-cinq」がリリースされたとき、一度しか聞い
たことが無いはずの「nonante」の意味をはっきりと覚えていることに気づきま
した（Kanazawa, 2021）。つまり、自己診断テスト2「繰り返し学習しなければ
長期記憶を形成できない。」の答えは×になります。

　このような学習の「量」では説明できない現象への説明を提供するのが、
語彙学習条件フレームワーク（Framework of vocabulary learning conditions;
Webb & Nation, 2017）で触れられている注意の「質」という観点です（表2）。

表2　語彙学習条件フレームワーク
(Webb & Nation, 2017, p. 62; Nation , 2020, p. 23 など)

＜学習の量＞	繰り返し学習	
＜注意の質＞	偶発的	意図的
レベル1：気づき	a	b
レベル2：想起	c	d
レベル3：多様な遭遇・使用	e	f
レベル4：精緻化	g	h

フレームワークの1番上の要因は、前節で検討した繰り返し（学習の量）の
効果です。注目すべきは、「注意の質」という2つ目の要因を提示し、様々な
先行研究に基づいて4つの異なった質的水準（レベル）を理論化しているこ
とです。たとえ同じ一回の学習であっても、注意の質的水準が「深い」ほど、
より記憶定着への効果が高いことが示されています。1つずつ検討してみま
しょう。

4.1　レベル 1 : 気づき (noticing)

　最も浅い水準の注意が「気づき」です。たとえば、英文読解中に知らない単語があることに気づいたり、英会話中に自分が意図する内容を伝えるのに必要な英単語が浮かばないことに気づいたりすることが挙げられます（表 2 の a）。ここから一歩進んで、知らない単語にマーカーを引いたり、意味を英和辞書で調べたり、意図を伝えるために和英辞典で正しい表現を調べたり、単語学習用のノートを作成して新しい単語を記入したりすることで意図的学習につなげることができます（表 2 の b）。言い換えると、ただ漫然と外国語を聞き流したり読み流したり知らない表現を迂回したりするのではなく、重要な単語に意識的な注意を向けたり調べたりすることが、語彙学習の第一歩であるといえます。

4.2　レベル 2 : 想起 (retrieval)

　一段階深い水準の注意が、一度学習した内容を思い出す「想起」です。つまり、初めてある単語と遭遇して「気づき」を得た後、2 回目以降に同じ単語に遭遇したときに正しく思い出そうとすることがこの水準に当てはまります。一度覚えた記憶のチェックが求められることから、心理学ではテスト効果（testing effect）とよばれることもあります。たとえば、英文読解中に遭遇する難しい単語がどんな意味であったか記憶を頼りに思い出したり、英会話中に以前習ったことのある表現を意識して使おうとしたりすることが挙げられます（表 2 の c）。意図的学習に関しては、小さい紙片の片面に英単語を、もう片面にその意味や定義を書いた単語カードで学習したり、単語テストに取り組んだりすることが挙げられます（表 2 の d）。

　また、ちょっとした工夫でレベルを深化させることができます。筆者（金澤）の授業実践から例示しましょう。単語学習用のノートは単語と意味が同時に確認できるため一般的にはレベル 1（表 2 の b）のタスクとされていますが、クラスメイトとノートを交換して口頭でクイズを出し合う時間を設けることで、レベル 2（表 2 の d）のタスクにすることができます。単語カードは散らばりやすく紛失しやすいため、授業実践で集団的に取り入れるうえでは単語ノート & ペアクイズの組み合わせはおすすめです。

4.3 レベル3：多様な遭遇・使用 (varied encounters or varied use)

　繰り返し学習する過程で、まったく同じ内容を何度も学び直すだけでは効果的ではありません。語彙知識の諸側面（表1）を思い起こしてみましょう。同じ単語でも文脈によって異なった意味合いであったり、異なった文法パターンであったり、異なったコロケーションの一部として使われたりすることがあります。また、形態面においてもアメリカ英語か、イギリス英語か、その他の World Englishes か、などの違いによって、アクセントや綴り、表現方法が異なる可能性もあります。繰り返し学習を行う際、このような多様性を確保することが、より深い学習の上で重要となります。具体的学習法としては、多読・多聴を通して様々な文脈の中で繰り返し単語を学習したり、異なった目的や参加者からなるコミュニケーション活動を通してこれまでに習った単語を違った意味合いやパターンの中で発話しようとしたりすることが挙げられます（表2のe）。また、意図的学習については、語彙学習をする際に意識的に多義性や文法機能、コロケーションなどに注目したり、いろいろな種類の出題形式やトピックの語彙テストに取り組んだりすることなどが挙げられます（表2のf）。なお、同じ内容を繰り返し意図的に学習して意識的な明示的知識を身につけるだけではなく、多様なインプットやアウトプットの機会を通じて徐々に直観的な暗示的知識を構築していくことも、とても重要な学習方略といえます（鈴木ほか, 2021）。

4.4 レベル4：精緻化 (elaboration)

　「精緻化」とは、学習対象に関連した別の側面の情報を付け加えたり、既に知っている知識と関連させて自分の知識ネットワークに組み込んだり、累積的に知識の断片を組み合わせて知識を豊かにすること（enrichment）で知識をより高度で精緻なものにしていくことを指します。多くの認知心理学的実験研究が精緻化の効果を実証しており、精緻化はメタ認知と並ぶ「深い学び」の重要な構成要素だとされています（北尾, 2020）。自分の過去の経験と関連させること（自伝的精緻化）、人物情報など社会生活に関わる知識と関連させること（社会的精緻化）、個人的好き嫌いなど感情と関連させること（情動的精緻化）など、精緻化には様々な種類があります（豊田, 2016）。本節冒頭に示したエピソードで「1896年」のフランス語での言い方を覚えた例を挙げましたが、実

はこの年に出版されたアンリ・ベルクソンの『物質と記憶』に載っている純粋記憶や時間を図示した逆円錐図を印刷して研究室の壁に貼るほど、筆者（金澤）はこの本を愛読しています（Bergson, 1896, p. 177, Fig. 5）。つまり、ベルクソン哲学への興味関心や既有知識といった情報による精緻化のおかげで、フランス語単語の習得も促進されたと考えられます。

　他にも、印象に残る写真や映像と共に英単語を学んだり、よくできたスローガンやキャッチコピーなど印象に残る状況で単語を目撃したり、海外旅行でワクワクしながらガイドブックを読んで現地語の会話表現を使ってみたり、筆者（金澤）が「nonante」を学習した経緯のように記憶に残るコミュニケーションの場でその単語を使用したりするなどといった活動が考えられます（表 2 の g）。

　さらに、意図的に知識を付け加えたり、知的ネットワークを構築しようとしたりすることも有効です（表 2 の h）。たとえば、前述の「suggest」の例のように英単語を学ぶ際に語源や構成要素を調べてなぜその意味になるのか納得したり、その単語のコアイメージについて考えたり、地域間変種や類義語・反義語などを関連して学んだり、連想をもとにセマンティックマップを作成したりすることが挙げられます（表 2 の h）。一例を示すと、エスペラント語（Esperanto）を学習するときには、接頭辞「mal-」が反対語を作るということを知ると語彙学習が格段にはかどります（例：「bona（良い）」「malbona（悪い）」「varma（熱い）」「malvarma（寒い）」「dekstre（右の）」「maldekstre（左の）」）。さらに、母語との音の類似などを活用した語呂合わせやキーワード法・記憶の神殿などの記憶術（mnemonics）も有効な精緻化方略です。たとえば、南米の先住民言語の 1 つであるグアラニー語（Guaraní）で「boys and girls」のことを「mitã'i ha mitãkuña'i」と言い、日本語風に表記すると「ミタイはミタクニャーイ」のような発音になります。幼稚園で男の子向けのアニメを上映しようとした際に男の子が賛成して女の子が反対しているような場面をイメージすると、グアラニー語をまったく学んだことがない人でも、日本語話者であればすんなり覚えてしまうでしょう。

4.5 レベル5：情動関与処理 (Emotion-Involved Processing)

　Webb & Nation (2017) のフレームワークにおける一番深い質的水準は、「精緻化」でした。しかし、哲学・認知心理学・神経科学・応用言語学などの研究や理論を参照すると、感情と関連させる精緻化 (情動的精緻化) は他の精緻化よりもさらに強固な記憶痕跡を形成するのではないかという示唆が得られます (金澤, 2020)。この点について検討してみましょう。

　学習や指導の成功のための重要な要因として、動機づけ (motivation) への関心が高まっており、様々な理論や実践の報告がなされています (西田, 2022)。理論的には、モチベーションとは特定の認知的対象に向けて情動 (emotion) が方向づけられた現象であり (Ciompi, 1997; Kanazawa, 2019)、あらゆる心的過程の基盤に存在するのが感情 (feeling) などの情動過程であると説明できます (Peirce, 1887–1888/1931; Kanazawa, 2016)。脳科学の観点からも、情動をつかさどる扁桃体 (amygdala) の活性化が記憶を増強することが知られており (LeDoux, 2007)、情動による認知促進現象を外国語処理や学習に応用することが試みられています (Schütze, 2017)。たとえば、単語を学習する際に、ポジティブ・ネガティブな感情などどのような気持ちが感じられるか、どのくらい対象が好きかを考えるといった情動関与処理によって、学習が促進されると考えられます (Kamenická, 2021; Kanazawa, 2021)。とりわけ、楽しい気分になるような状況や文脈で学ぶといったポジティブな情動 (positive emotion) による深い学習の促進が効果的であるということが提起され (Kanazawa, 2020b)、外国語語彙学習実験でも実証されています (Kráľová et al., 2022)。さらに、驚きや好奇心といった認識情動 (epistemic emotions) を喚起する教材が高い学習者エンゲージメントと関係するという報告もなされており (金澤, 2022)、知的発展に密接に関連する情動の特徴についての哲学的分類も行われています (Kanazawa, 2022)。

　このような外国語学習における語彙や教材レベルの情動研究はまだ緒に就いたばかりです。情動という人間存在の根幹に関わる学際的トピックには褪せることのない重要性があり、今後一層の超領域的研究が望まれます。

5.　注意資源 (attentional resource) と累積的な潜在記憶 (implicit memory)

　前節では、「気づき」「想起」「多様な遭遇・使用」「精緻化」といった異なった深度の注意の質が語彙学習に影響を与えることを確認しました。それでは、語彙学習活動においては、語彙知識の諸側面（形態・意味・使用×受容知識・産出知識）のいずれについても深い注意の質を追求するとよいのでしょうか。答えは否です。むしろ、一度にあれもこれも学習しようとすると、効果が上がらない可能性が指摘されています。Barcroft (2015) が複数の実証研究の結果を踏まえて提唱した「処理タイプ−資源配分モデル（TOPRA model）」が参考になります（図 1）。

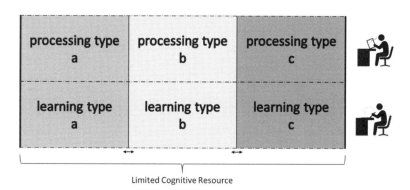

図 1　処理タイプ - 資源配分モデル (Kanazawa, 2020a, p. 192)

　このモデルに従うと、形態に意識を向けた処理はそのまま形態の学習につながり、意味に意識を向けた処理はそのまま意味の学習につながります。特筆すべきは、人間が同時に注意を向けることができる能力（注意資源）には限界があることをモデルに含んでいる点です。つまり、処理 a（たとえば意味について深く考えること）にたくさん意識を向ければ、その分、処理 b や処理 c（たとえばスペリングや発音）に割くことができる注意資源が減少します。結果として、意味について深く学習することができても、その分、スペリングや発音といった他の側面についての学習は疎かになってしまいます。

このモデルの元となった研究の妥当性について懐疑的な報告がされていたり（Coulson, 2016）、処理の質的な多様性が十分に勘案されていない点が批判されたり（川﨑ほか, 2018; Kanazawa, 2020a）、学習時間が十分に与えられるなどより現実の学習に近い条件では複数の側面に同時にフォーカスするトレーニングも可能であると考えられるため（中田, 2019）、このモデルを鵜呑みにするべきではありません。しかし、同時に注意を向ける内容が多すぎると学習効果がかえって減少してしまう可能性について留意しておくことは重要でしょう。自己診断テスト3「同時に覚えようとする内容が多すぎると、学習効果がかえって減少してしまうことがある。」の答えは〇です。

　また、認知心理学の観点から、興味深い（そして希望のある）報告がなされています。つまり、一般的には見流すだけの学習法は学習に効果が無いと思われていますが、実は潜在記憶（意識の閾値下で脳内に蓄えられている長期記憶）として数か月単位で残り続けており、繰り返しの偶発的学習を通じて思い出せないレベルで記憶が積み重なっていくということが実証されています（寺澤, 2021）。つまり、たとえ語彙テストで正しい答えを解答できなかったとしても、これまでの学習はムダだったと落ち込む必要はないということになります。なぜなら、記憶は消えてしまったのではなく強固になっていないだけであり、学習を継続することで記憶は累積し、次第に思い出せるほど強固になっていくと考えられるからです。まとめると、あれもこれも覚えなければいけないと気負ったりテストのたびに一喜一憂したりすることなく、気楽に、かつ、粘り強く、学習を継続していくことが語彙学習の秘訣であるといえるでしょう。

6.　語彙指導のアイデア：4 要素の観点から

　最後に、Nation（2007）の提起する4要素の観点から、Webb & Nation（2017）を参考に、語彙指導の具体的アイデアをまとめてみましょう。1つ目の要素である「意味重視のインプット（meaning-focused input）」に関しては、興味関心にかなった平易な英語文章を大量に読んだり聞いたりする多読・多聴活動が持続可能で効果的な偶発的学習法であり、指導に含めるべきだといえる

でしょう。多読・多聴の効果は、語彙力のみならずリーディング力、リスニング力など多岐にわたるうえに、近年は物理的な多読ライブラリーを必要としないオンライン多読教材（Xreading など）が充実していることから、多読・多聴を導入しない手はありません（門田ほか, 2021; Nation & Waring, 2020）。2 つ目の要素である「意味重視のアウトプット（meaning-focused output）」に関しては、タスクベースの授業での対話活動や、フィードバック付きのライティング活動などを取り入れることが効果的だと考えられます。さらに、社会脳インタラクション（門田, 2023）の知見を踏まえると、P4ELT（Philosophy for English Language Teaching, Teachers, and Trainees）（金澤, 2021b）、とりわけ、哲学対話（philosophical dialogue）などの方法を応用して、より学生の当事者性・興味関心や情動を関与させることのできる真正なテーマやトピックを選定できるとよいでしょう（Matsushima et al., 2023）。指導に当たっては、文法など言語面での修正や指摘を行いすぎず、学習者各々が発信したい内容を伝え合うことを主眼にしつつ、これまでに習った単語や表現を積極的に使ってみるように励ますことで、様々な注意の質を伴った深い学習が促されるでしょう。なお、チャレンジャーズ・リーディングサークル（Challenger's Reading Circle）のように、意味へのフォーカスを主眼としつつ、語彙や文法などの言語面に着目した役割も組み込んだグループベースのディープ・アクティブラーニング（deep active learning）活動の導入も効果的だと考えられます（Kanazawa, 2023）。

　3 つ目の要素である「言語重視の学習（language-focused learning）」に関しては、日本の英語教育で広く行われている単語学習活動や単語テスト、英語講読における単語解説などが該当します。スペリングの正確性を訓練できるディクテーションや、語源・語の構成・類語・学習方略などのボキャブラリービルディングに役立つ諸知識の明示的な教授もこれにあたります。ただし、偶発的学習や潜在記憶の知見を踏まえ、あまり明示的な語彙指導に比重をおきすぎないように留意するとよいでしょう。望月（2008）の提案するような、新出語の明示的指導と意図的学習をすべて年度はじめに済ませ、それ以降は諸側面の知識による精緻化や繰り返し学習に集中する方法も効果的であると考えられます。4 つ目の要素である「流暢さの訓練（fluency

development）」については、多読・多聴が効果的であることはもちろんのこと、ストップウォッチを活用した速読やタイムライティングなどの訓練が効果的でしょう。また、Duolingo や LingQ といった言語学習アプリや、語彙知識の6つの側面（形態・意味・使用×受容知識・産出知識）を段階的に学ぶようプログラムされた反復学習ソフトウェア（ラフラー, 2020）の活用も、自動化された知識の涵養に有効だと考えられます。これら4つの要素のバランスよく指導に取り入れることを目指すとよいでしょう。

7. 理論と実践の連関

　以上、語彙学習について考える上で重要な概念や枠組みについて検討しました。とはいえ、鬼田（2022）が指摘するように、既存の語彙学習理論は万能ではありません。まだ未解明の現象や他の技能学習との兼ね合いについてなど、改善・改良の余地が多く残されています。一方で、よりよい実践が持続可能性（sustainability）をもって発展・普及していくためには、理論的裏打ちや定式化が重要です。本書の読者が理論と実践の連関に興味をもち、研究・学習・教育に新たな貢献をもたらされることを期待しています。

■本章における学習の到達状況を確認しよう

到達目標	十分到達できた	一部到達できた	努力を要する
語彙知識の諸側面を説明できる	形態・意味・使用×受容・産出の語彙の諸側面を説明できる	単語にはいろいろな側面が存在することを知っている	単語は知っているか知らないかの二択しかないと考えている
語彙学習の成功のために重要な学習の「量」や注意の「質」の諸レベルについて説明できる	分散効果や遅延効果について説明でき、気づき・想起・多様性・精緻化などの様々な深さの活動の種類や例について説明できる	語彙学習には重要な要因がいろいろと存在することを知っている	あれこれ考えず、単語を覚えればよいと思っている

■**理解を深めよう**

　本章で扱った概念を活用して、あなた自身（もしくはあなたの担当している生徒／学生）の語彙学習を振り返ってみましょう。そして、より効果的な語彙学習のための改善策を考えてみましょう。なお、本章の内容の復習と応用練習に最適な ELT ケース（金澤, 2021a）が次のウェブサイト上で公開されていますので、是非試してみましょう。

　https://researchmap.jp/yu-kanazawa/case?lang=jp

■**図書案内**

・ 中田達也・鈴木祐一（2022）.『英語学習の科学』研究社.
　効果的な学習法などについて専門家が Q&A 形式で回答。語彙学習については、第 2 章が特に参考になる。

・ 中田達也（2022）.『英語は決まり文句が 8 割：今日から役立つ「定型表現」学習法』講談社.
　語彙学習だけなく、定型表現（2 語以上の語彙連鎖）の学習も非常に重要である。定型表現の学習法について有益な視座や知見が多く提供されている。

・ 金澤佑（編著）（2020）.『フォーミュラと外国語学習・教育：定型表現研究入門』くろしお出版.
　定型表現について、幅広い研究や実践を扱っている。付録のフォーミュラ親密度リストは、英語の定型表現について実証研究を計画するうえで有益。

第**6**章

定型表現の処理のメカニズム

■この章で学ぶこと

　皆さんは、これまでにタイトルに「英単語」「英熟語」といった表現が含まれている書籍を目にしたことがあるのではないでしょうか。英語の受験対策や試験対策として覚えるべきとされる表現を掲載した本のタイトルによく見られるでしょう。本章で扱う「定型表現 (formulaic sequence)」は、「英単語」と「英熟語」の分類では概して「英熟語」のほうに含まれる表現です。では、皆さんは英語学習において英単語と英熟語のどちらを重点的に学習しますか、あるいはしてきましたか。筆者は、これまで英熟語よりも英単語を必死に覚えようと努力している学習者を多く見てきました。英語の運用能力を上げるには、どちらが効果的なのでしょうか。この章では定型表現とその処理のメカニズムについて見ていきます。

■自己診断テスト（〇か×をご記入ください）

1.　英語定型表現は文法的な処理をせずに使うことができる。　　　　[　　　]

2.　英語定型表現は音韻的にも意味的にも全体として（ひとまとまりのように）記憶（心内に貯蔵）されている。　　　　[　　　]

3.　英語母語話者が使用する英語において定型表現が占める割合は、約４分の１と言われている。　　　　[　　　]

1. 英語定型表現とは何か？

　図1は、おそらくほとんどの人が一度は見たことがある有名な「ルビンの壺」です。花瓶が見えたり、2人の人間のシルエットが見えたり、という2つの現象の体験ができます。この現象が定型表現と関係があるといったら皆さんは驚かれるのではないでしょうか。どのように関係があるのかを考えながら本章を読み進めてみましょう。

図1　ルビンの壺 (Rubin, 1958, p. 201)

1.1　定型表現の定義

　Wray（2002）は、定型表現を次のように定義しています。

> a sequence, continuous or discontinuous, of words or other elements, which is, or appears to be, prefabricated: that is, stored and retrieved whole from memory at the time of use, rather than being subject to generation or analysis by the language grammar.　　　　　　　　　　　　　　　　（Wray, 2002, p. 9）

定型表現は、事前に構築されたような複数の単語あるいはその他の要素からなる連なりで、全体として記憶され、使用するときに文法の影響を受けず記憶から全体として（ひとまとまりのように）検索されるもの、と定義されます。自己診断テスト1「英語定型表現は文法的な処理をせずに使うことができる。」の答えは○です。たとえば、"give up" や "sit down" などです。それぞれ2単

語で構成されていますが統語処理をせず一つの（まとまった）表現のように使うことができるからです（表1参照）。

1964年に完成したBrown Corpus（正式名称：the Standard Corpus of Present-Day Edited American English）をきっかけに、コーパスに基づいた研究が盛んになりました。コーパスは、実際に書かれたり話されたりした言葉を収集、構造化してコンピュータに蓄積した大量の言語分析のための言語資料です。コーパスは言語がパタン化されていることを示す証拠となり、定型表現研究は大きく躍進しました（Moon, 1998; 八木・井上, 2013）。すなわち、コーパスにより、言語は個々の語や音ではなく、固まりや決まったフレーズとして心内に貯蔵されていることを感覚的なものではなく統計的に示すことができるようになったのです。

しかし、どの程度の頻度で使用される表現が定型表現と見なされるのか、その基準についての議論は未だ明確な着地点に到達していません。研究分野によって適切とされる閾値や、詳細にわたる基準の内容が異なることがその理由として挙げられます（Wray, 2002）。したがって「定型表現」は、学問、さらには研究者によって異なる、とも言うことができるほど多様です。そのような中、先ほどご紹介したWray（2002）による定型表現の定義は、研究分野の違いを超えてあらゆる言語的なユニット（unit）を可能な限り包括的に含有することができる定義といえます。

また、この章では「定型表現（formulaic sequence）」という語を採用しますが、定型の表現を表す用語も実は1つではありません。Wray（2002）は、定型表現を示す用語の例を50種類以上挙げています（図2）。もしかすると皆さんは、formulaic sequenceという用語以外の語（句）に遭遇したことがある、あるいはこれから遭遇するかもしれません。

chunks, clichés, constructions, collocations, conventionalized forms, F[ixed] E[xpressions] including I[dioms], fixed expressions, formulaic language, formulas/formulae, gambits, gestalt, holophrases, idioms, lexical(ized) phrases, multiword items/units, preassembled speech, prefabricated routines and patterns, set phrases, stereotypes, units

図2　定型表現を表す用語（Wray, 2002, p. 9より一部抜粋）

1.2 定型表現の分類

多種多様な定型表現の分類もまた研究者によって様々といえます。本書では、その一例として Moon (1997) による分類をご紹介します（表 1）。

表 1　定型表現の分類の説明とその例 (Moon, 1997, pp. 44-47)

分類	特徴	例
複合語 (compounds)	複合名詞、複合動詞（多くはハイフンでつながれる）、複合形容詞のように 2 つ以上の単語で構成される表現。	crystal ball, Prime Minister, freeze-dry, long-haired
句動詞 (phrasal verbs)	一般的に単音節の動詞 + 副詞または前置詞を組み合わせた語句。意味の透明性は多様。	give up, take off, put off
イディオム (idioms)	構成する単語の個々の意味とは異なる意味をもつ。一般的に、歴史的または比喩的な特徴をもつ。比喩の透明性は多様。	spill the beans, kick the bucket
固定表現 (fixed phrases)	上記カテゴリに属さない連語の一般的なグループ。様々な頻度レベル、固定度が高いもの、類語、ことわざも含まれる。	in fact, good morning, as cool as cucumber
プレハブ表現 (prefabs)	事前に構築され、高頻度また一貫して使用される表現。あらかじめ組み立てられたフレーズ、一般的なコロケーション、フレーズのチャンク、半固定的な連語など。	the thing/point/fact is, that reminds me

Moon (1997) は、定型表現を "extreme cases of fixed collocations (p. 43)" とし、複合語 (compounds)、句動詞 (phrasal verbs)、イディオム (idioms)、固定されたフレーズ (fixed phrases)、そしてプレハブ表現 (prefabs) の 5 つに分類しました。これらのうち、イディオムはその意味が構成語を合わせた意味からは取り出せないだけでなく、文法規則に従わない場合もあります (Schmitt & Carter, 2004)。したがって、イディオムは全体として（丸ごと）覚えるべき表現といえます (Biber et al., 1999)。表 1 が示すように、英語には 2 語以上からなる言語項目がたくさんありますが、それらの中でも最も一般的なのは句

動詞といわれています (Biber et al., 1999; Sinclair, 2004)。句動詞なのか動詞＋前置詞なのか、という判断は時に人によって異なります。たとえば、get on を句動詞という人もいれば、動詞＋前置詞と考える人もいます (Hill, 2000)。本書では、Moon (1997) の説明を適用し、「動詞＋副詞または前置詞」を句動詞として論を進めます。

2. 定型表現の処理メカニズム

2.1 認知文法

　夜空を見上げたとき、いくつかの星はグループを形成しているように見えます。つまり、星座が知覚できるのではないでしょうか。それは、夜空から切り離したものとして星を知覚していることによる現象です。星座は古代からユニットとして知覚されてきました。すなわち、人は学習せずともユニットを知覚することを示しています (Köhler, 1947)。本章の冒頭で皆さんに「ルビンの壺」(図1) を見ていただきました。「ルビンの壺」を見るときに起こる現象を Rubin (1958) は、人が絵を知覚するとき、「図 (figure)」と「地 (ground)」の2つのフィールドがあり、そのどちらに焦点を合わせるかにより解釈が異なると説明しています。ここでいう「図」は絵の中に見えるものを、「地」は背景となるもの (何もない部分) を指しています。「ルビンの壺」で皆さんが感じた現象は、図と地の認識を変えたときに生じる解釈の劇的な変化なのです。

　「図」と「地」という用語は、ゲシュタルト心理学 (Gestalt psychology) の用語です。ゲシュタルトという単語の文字通りの意味は「形 (form)」「形状 (shape)」という意味で、ゲシュタルト理論は、組織化された全体は構成する個々の部分の単なる総和とは異なる、という概念です (Köhler, 1969)。この「図」「地」の概念を Talmy (1975) は、言語学に取り入れ (例：“the pen lay on the table” の場合、pen は「図 (概念的に動くもの)」、table は「地 (「図」に対して静止したもの)」の機能をもつ)、Langacker はゲシュタルト心理学の概念を文法モデルへと発展させて認知言語学に大きく貢献しました (Dirven, 2005)。

　子どもは、最初に言語を理解するとき、周囲の大人の具体的な状況における発話を文脈と共にゲシュタルト的に理解します。そして、次第に類似した状況で同じ表現が使用されることに気が付き、同様の場面においてパタンや構文として使うことができるようになっていきます。すなわち、子どもは言語を表現の構造を分析して理解するのではなく、繰り返し遭遇する過程においてユニットとして認知、理解し、習得していくと考えられます。このように、Langacker (1987) は言語を人間の認知と深く関わっているものと捉え認知文法 (cognitive grammar) を提唱しました。言語は、他の知識や能力から明確に独立したものではなく、むしろ物理的、生物的、行動的、心理的、社会的、文化的、コミュニケーション的な要因の経験による相互作用から創発 (emerge) すると考えたのです (Langacker, 1991)。文法規則も言語が使用される経験に基づいた具体的な使用事例の蓄積により創発するとしています（次節、第7章2.1節参照）。

2.2　用法基盤モデル (Usage-based model)

　用法基盤モデルでは、新たな表現を創造し理解するのは実際に言語を使用する人々であり、話者の言語システムは「使用事象 (usage events)」に根ざしている、とします。「使用事象」とは、言語使用者が伝えたいことの十分な概念的理解と、その音声化のペアリング（発話）のことを指し、その点においてすべての使用事象は語彙的内容をもっており具体的であると考えられます (Kemmer & Barlow, 2000; Langacker, 1999)。具体的で類似した例を蓄積していく中で、それらに共通する特徴が認知されることで、音素・形態素・文法などの一般的表象が抽出 (abstraction) され言語システムを形成していきます。したがって、言語システムは実際の大量な言語使用を経て、漸次的に構築されていくと考えられています。Langacker の認知文法はこの用法基盤モデル (Langacker, 1987) の考えにその本質をおいています。

　繰り返し遭遇、使用される表現は、次第に慣習化され、話者が内部の構成要素などに注意を払うことなく、自動的に近い状態で使用できるユニット状態となり定着 (entrenchment) します。たとえ構造が複雑で長い表現であっても頻繁にインプットされたり、アウトプットしたりする機会があると、心内で全体としての固まりを形成し、1つのユニットとして処理されるようになりま

す。このユニット状態となった表現は、前もって構築された慣習的表現（pre-packaged assembly）とよばれます（Langacker, 1987, 1999）。第 2 言語習得論における英語定型表現は、この一種であると考えられます（鈴木・門田, 2018）。

2.3　定型表現の処理および期待される効果

　定型表現の処理とその処理により期待される効果について、研究成果に触れながら見ていきましょう。まず、「全体処理」と全体処理による効果の 1 つ目は、「言語処理負担の軽減」です。英語における定型表現の重要性に気が付いた最初の研究者たちは、Pawley & Syder（1983）でした。彼らは、英語母語話者が発話において、事前に準備できる、あるいは発話しながら考えられる量を超えた語数を流暢に話すことに興味をもちました。そして、彼らは成人の英語母語話者は、言語規則はもちろんのこと何十万個もの語彙チャンク、いわゆる定型表現を心内に貯蔵しており、文脈に応じて適切な表現を選択し流暢に発話していると仮定しました。さらに、彼らは英語母語話者の流暢な発話を分析し、流暢に聞こえる発話においても節の境目（やその付近）では一時的に発話が止まったり減速したりする現象が起こることを指摘しました。このことから、Pawley & Syder（1983）は流暢な英語母語話者でさえ、数語単位、すなわち 4 語から 10 語程度の節単位で準備しながら発話していると推測し "one clause at a time facility" と名づけました。

　ところで、皆さんは瞬間的に覚えられる語数はどのくらいかご存じですか。以前は「マジカルナンバー 7」といわれ、短期記憶（short-term memory）に瞬間的に保持できる情報数は、7 ± 2 という説（Miller, 1956）が広く支持されていました。近年では、人間が短期記憶に保持できる情報数はもっと少なく、4 ± 1 であるとする「マジカルナンバー 4（Cowan, 2001）」が浸透してきています。いずれにしても、短期記憶はその容量に限界があり人間が瞬間的に記憶できる情報は限りがあるということを示しています。しかし、前述したように実際の会話場面などを考えるともっと多くの情報を保持しています。実は、ここでいうところの「情報」は「チャンク（固まり）」を単位として考えられています。ここに定型表現の処理が深く関係すると考えられるのです。私たちは、心内辞書（mental lexicon）に膨大な語彙を貯蔵（記憶）しており、言語

を使用する際はこの心内辞書にアクセスして必要な語彙を引き出して使用しています。定型表現は、この心内辞書に全体（ひとまとまり）として記憶されていると仮定されています（Levelt, 1989）。定型表現は、構成語数に関係なく全体として処理されるため、定型表現の使用により瞬間的に保持できる情報数を増大させることができると考えられています。言語処理（生産面・受容面）においても、同じ語数の（定型でない）表現よりも効率的に処理され負担が少ない（言語処理負担の軽減）と推測できます。定型表現を心内に貯蔵（記憶）し、言語処理時にアクセス・使用することで、より少ない処理負担でよりたくさんの語を扱うことが可能になるのです。

　定型表現が全体処理されていることを示す研究を見てみましょう。Underwood et al.（2004）は、英語母語話者と英語力の高い非英語母語話者の大学院生を対象に英語のパッセージを黙読している間の眼の動きを測定しました。各パッセージには、刺激定型表現（1つ）に加え、別のパッセージに埋め込まれた刺激定型表現の最後の単語が（定型表現外の位置に）埋め込まれました。たとえば、あるパッセージに使用された定型表現は、"by the skin of his teeth"（図3、5行目参照）で、この定型表現の最終単語である"teeth"は、別のパッセージの英文内にも埋め込まれました（図5、3行目）。

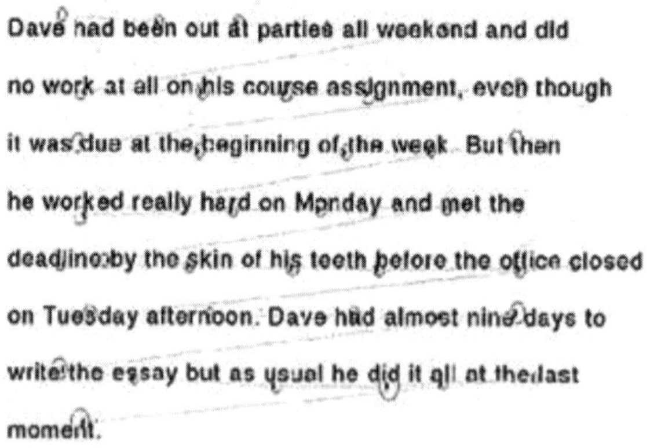

Dave had been out at parties all weekend and did
no work at all on his course assignment, even though
it was due at the beginning of the week. But then
he worked really hard on Monday and met the
deadline by the skin of his teeth before the office closed
on Tuesday afternoon. Dave had almost nine days to
write the essay but as usual he did it all at the last
moment.

図3　"by the skin of his teeth" が埋め込まれた刺激パッセージと英語母語話者の目の動きの例 (Underwood et al., 2004, p. 160)

Dave had been out at parties all weekend and did
no work at all on his course assignment, even though
it was due at the beginning of the week. But then
he worked really hard on Monday and met the
deadline by the skin of his teeth before the office closed
on Tuesday afternoon. Dave had almost nine days to
write the essay but as usual he did it at the last
moment.

図 4　"by the skin of his teeth" 刺激パッセージと非英語母語話者の目の動きの例
(Underwood et al., 2004, p. 160)

図 3 と図 4 において○は眼球停留を示し、○が大きいほど停留時間が長かったことを
示す。○と○をつないでいる線は視線の動きを示す。

> Sam always seemed to leave things until he couldn't put
> them off any longer. Sometimes this got him into real trouble.
> His dentist had wanted him about having his **teeth** looked at
> regularly but Sam did not visit him again until he had a bad
> toothache. After that terrible experience, Sam realized that a
> stitch in time saves nine and decided to visit his dentist every
> six months.

図 5　図 3, 4 内で刺激定型表現として使用されている "by the skin of his teeth" の最
終語 "teeth" が定型表現内ではない位置（3 行目, 太字表記は筆者による）に埋め
込まれたパッセージ (Underwood et al., 2004, p. 169)

各パッセージの最後には、参加者が内容を理解しながら読んだかどうかの確
認のため、内容に関する設問が設けられました。分析は、眼球停留（視線が
留まったところ：図 3・4 内○の箇所、大きい○のほうが停留時間が長い）に
ついて行われ、全パッセージ、定型表現の最終単語および定型表現外の同単
語の眼球停留数・眼球停留持続時間（いずれも平均値）に関し、英語母語話者
と非英語母語話者間で比較検討されました（図 3, 4 参照）。その結果、次のこ
とがわかりました。

①英語母語話者の全パッセージ内のすべての語および定型表現・定型表現外の刺激単語への眼球停留は、非英語母語話者よりも少なく短い。

②英語母語話者・非英語母語話者ともに、定型表現内の最終単語は、定型表現外の同単語よりも眼球停留の数が少ない。

③英語母語話者の場合、定型表現内の最終単語への眼球停留持続時間は定型表現外の同単語よりも短かったが非英語母語話者の場合は差がなかった。

④非英語母語話者はほとんどの単語に眼球停留している（図4）が、英語母語話者は、比較的等間隔に眼球停留している（図3）。

②の結果は、定型表現の前部分にある単語から定型表現全体が予測されていることを示唆しており、非英語母語話者の心内でも定型表現が全体として貯蔵されていることを示していると考えることができます。しかし、同時にその他の結果は、比較的上級の英語力をもつ非英語母語話者でも、英語母語話者のような効率的なリーディングや定型表現の流暢な処理に到達するのは難しいことも示しています。

　続いて、定型表現の全体処理から期待される効果は「正確性」や「流暢性」の促進も挙げられます。定型表現は、前もって構築され音韻的にも意味的にも全体として処理される表現であるため、言語使用時に1語1語創造的に表現を作り上げたり文法的処理をしたりする必要がありません。自己診断テスト2「英語定型表現は、音韻的にも意味的にも全体として（ひとまとまりのように）記憶（心内に貯蔵）されている。」の答えは○です。高頻度の遭遇・使用を経てユニットとして心内に貯蔵された定型表現は、正確に、また流暢に使用されます。さらに、前述のように定型表現が全体処理されることで、容量の限られた短期記憶のワーキングメモリ（working memory）内での処理が効率的に行われ、進行中の会話において他の活動、すなわち、より大きな談話の情報単位のプランニングや会話内容の理解などに認知資源を充てることが可能となる（Pawley & Syder, 1983 など）と考えられています。

　全体処理仮説に基づき、定型表現の処理に統語分析や構文分析が不要であるという点に着目し、定型表現の処理速度と判断正確性を分析した研究があります。Jiang & Nekrasova（2007）は、大学生と大学院生の英語母語話者と

上級英語学習者を参加者として、コンピュータ画面に単独提示した連語が文法的に正しいかどうかを判断する課題を行いました。刺激連語は、定型表現、（定型表現の中の 1 語を同じ文字数・頻度をもつ語に入れ替えた）非定型表現、非文法的表現の 3 種類で、判断の解答反応時間（正答のみ対象）と誤答率の平均を分析しました。たとえば、定型表現 "to tell the truth" に対する非定型表現は "to tell the price"、非文法的表現は前者 2 種類の刺激とは無関係の語で構成した非文法的な連語で "corner yellow that" です。分析の結果、英語母語話者、非英語母語話者いずれも定型表現を非定型表現よりも迅速に判断し、誤答率も低いことが示されました。この結果は、定型表現が心内に全体として貯蔵されており統語的処理をせず処理されたことを示唆していると考えられます。

　さて、本章でここまでに取り上げた研究に参加した非英語母語話者は、いずれも日本人以外の上級英語学習者でした。続いて、初・中級の日本人英語学習者を対象とした研究成果を見てみましょう。Isobe (2011) は、参加者を英語力により上位群（平均 TOEIC [Test of English for International Communication] スコア：519.73）と下位群（同スコア：374.80）の 2 グループに分け、連語をパソコン画面に単独提示し、各刺激連語が文法的に正しい語順かどうかを判断する課題を行いました。使用した刺激連語は、定型表現（頻度の高い動詞句）、（定型表現の 1 語を同等の文字数・音節数の単語で入れ替えた）非定型表現、非文法的連語（語順を無作為入れ替えした連語）としました（前述の Jiang & Nekrasova [2007] の記載参照）。解答反応時間を分析した結果、両群ともに定型表現が最も短く、次いで非定型表現、非文法的表現となり、それぞれの間に有意な差が確認されました。このことは、習熟度が初・中級の日本人英語学習者でも定型表現を全体処理している可能性を示しているといえます。

　定型表現の使用（全体処理）により期待できる効果について、ここまで「言語処理負担の軽減」「正確性・流暢性の促進」を取り上げました。続いて「コミュニケーションの促進」について考えてみましょう。日本人英語学習者は、英語学習で勉強した英文法の知識と語彙を駆使して英語を組み立てる傾向が強いといわれます。結果、アウトプットされた英語は、英語らしくなく不自然な表現であることはよく指摘されます（八木・井上, 2013）。

　ところで、英語定型表現は、英語のどのくらいの割合を占めるのでしょうか。Erman & Warren（2000）によると、定型表現は、話しことばのやりとりの58.6%、書きことばのやりとりの52.3%を占めるとされています。また、Hill（2000）は、定型表現が占める割合を日常的な使用言語の70%と主張しています。測定方法や対象とした領域、学問分野によって差異がありますが、いずれにしても定型表現は遍在性が非常に高く英語におけるやりとりの中で大きな割合を占めていることがわかります。自己診断テスト3「英語母語話者が使用する英語において定型表現が占める割合は、約4分の1と言われている。」の答えは×です。4分の1よりもはるかに多いことがわかります。遍在性が高い定型表現を使用することで相手に伝わりやすくなり、また定型表現の知識をもっていることで相手が伝えたいことを理解しやすくなり、コミュニケーションの促進につながると考えられます。そのうえ、定型表現には適した使用場面が限定される表現もあります（例：会話の始まりと終わり、会話が行き詰まったとき、話題変換）。英語母語話者は、文脈に応じて適した定型表現を心内から引き出し使用することで円滑なコミュニケーションを取っていると考えられています。

　前述の研究成果は、定型表現の単独提示によるものでしたが実際のコミュニケーションでは、より大きな単位、すなわち、文脈全体を意味理解して処理をする必要があります。そこで文単位の処理の研究成果を見てみましょう。高校生および大学生以上の日本人英語母語話者を対象に、文脈内で意味的に適切な定型表現を判断する課題を行い判断正確性と速度を非定型表現の場合と比較検討した研究成果（Nishimura, 2023）があります。英文に各刺激表現が意味的に正しく当てはまるかどうかを判断する課題のため、（語親密度・語数・音節数・英文の読み易さが刺激間で同等となるよう統制した）文脈も準備されました。実験では、パソコン画面に刺激連語が入るべき部分が空欄となったカッコつき英文が提示され、続く画面で刺激表現が提示されました。参加者は、刺激表現が直前の画面に提示された英文の空欄に意味的に適切に当てはまるかどうかの判断が求められました。たとえば、最初に"I（　　）meeting my friends tomorrow."が提示され、続く画面に"look forward to"が提示されました（図6）。

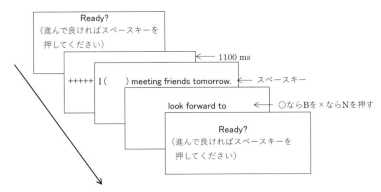

図6　定型表現・非定型表現の文脈への意味適合性判断課題のノートパソコン画面
（刺激定型表現 look forward to, 正反応 Yes (○)）
（Nishimura, 2023, p. 96 を和訳版に改変）

　結果の分析は、大人の参加者は上位群（英語習熟度目安：CEFR [Common European Framework of Reference for Languages] B1 レベル）と下位群（同：CEFR A1〜A2 レベル）、そして高校生（同：CEFR A1〜A2 レベル）を対象者として行われました。分析の結果、習熟度にかかわらず定型表現とそれを含む文脈全体の意味適合性判断は、非定型表現の場合よりも有意に迅速であることが示されました。初級レベルの日本人英語学習者も、知識として正しく貯蔵している定型表現の場合、非定型表現よりも速くそれを含む文脈全体を意味理解していると解釈できます。

　また、高校生（同：CEFRA1 〜 A2 レベル）を対象に定型表現と非定型表現を含む英文の音読のパフォーマンス（正確性・速度）を比較した研究成果（Nishimura, 2021; cf. 西村, 2017）もあります。分析はエラー（例：読み間違い、言い直し）なく完全に読み終えることができた英文の音読のみを対象として行われました。分析の結果、定型表現を含む英文は非定型表現を含む英文よりも有意に迅速に音読されたことが示されました。また、音読の空読みを防ぐためにランダムに挿入された内容確認課題の正答率の分析結果も、定型表現を含む刺激英文のほうが正しく内容理解されたことを示しました。これは、定型表現の全体処理により認知処理負担が軽減され、それにより英文の音読

速度が促進され、また、深い内容理解が可能になったことを示唆していると
いえます。

　これらの研究成果から、日本人の初級英語学習者でも、定型表現を含んだ
英文を処理する場合、定型表現の全体処理による恩恵を享受できていると考
えられます。円滑なコミュニケーションには、ある程度の「速度」が必要（門
田、2014）と指摘されており、その面においても定型表現はコミュニケーショ
ンに効果的といえるでしょう。

　ここでは、定型表現の全体処理から期待される効果として、言語処理負担
の軽減、正確性・流暢性の促進、コミュニケーションの促進を挙げました。
これらの効果は、相互に関連しているといえます。すなわち、事前に構築さ
れた（ような）表現である定型表現は、言語使用時に文法的処理や1語1語組
み立てて表現を構築する必要がなく全体として処理され、言語処理負担の軽
減、表現の正確性や流暢性につながります。また、多用され遍在性が高い表
現である定型表現の使用は、コミュニケーションを円滑にする効果をもたら
すと考えられます。具体的な文脈の中で実際に頻繁に処理されることの積み
重ねにより、定型表現は心内でさらにユニット状態を形成していきます。そ
して、それがまた全体処理につながり、さらなる言語処理の負担軽減へとつ
ながっていくのです。

■本章における学習の到達状況を確認しよう

到達目標	十分到達できた	一部到達できた	努力を要する
定型表現はどのようなものか説明することができる	認知文法に基づき、定型表現の心内貯蔵のプロセスや処理の特徴を説明できる	定型表現の特徴や処理を説明できるが、心内貯蔵のプロセスは説明できない	定型表現とそうでない表現（非定型表現）の違いが説明できない
定型表現の処理とそれがもたらすメリットについて具体的に説明することができる	定型表現の全体処理に基づいて想定されるメリットを根拠と共に説明できる	定型表現の処理については何となくわかるが、なぜ効果をもたらすか説明できない	定型表現よりも単語1語1語勉強して覚えて使う方が英語運用能力には効果的だと思っている

■理解を深めよう

　学習者に定型表現の重要性を伝え、定型表現の学習に意欲的になるよう導くために指導者としてできることには、どんなことがあるでしょうか。考えてみましょう。

■図書案内

- **Richards, J. C., & Schmidt, R. W. (Eds.). (1983).** *Language and communication.* **Longman.**
  本章で取り上げた Pawley & Syder の "Two puzzles for linguistic theory: nativelike selection and nativelike fluency" を含む 8 編が収録されている。定型表現を学ぶならば、Pawley & Syder の chapter 7 は読んでおきたい。

- **Wray, A. (2002).** *Formulaic language and the lexicon.* **Cambridge University Press.**
  定型表現（formulaic sequence）の定義から母語、第 2 言語、失語症における定型表現の処理まで広く論じられている本。

.

第7章

定型表現の学習のメカニズムと指導

■この章で学ぶこと

　定型表現 (formulaic sequence) の知識は、処理負担の軽減、正確性・流暢性、コミュニケーション能力の向上をもたらすと言われています。しかしながら現実には、定型表現の学習に苦労し、定型表現をコミュニケーションの場面で即座に使えない状態である学習者が多く見受けられるようです。それはなぜなのでしょうか。また、どのような学習が定型表現の習得に効果があるのでしょうか。この章では、第2言語 (L2) 特に外国語として英語を学ぶ (English as a Foreign Language: EFL) 環境下の学習者が定型表現を習得する際の課題、またそれを踏まえ教師はどのような指導や教室での活動を行えばよいのか、学習者はどのような学習をすれば効果があるのかを検討します。

■自己診断テスト（〇か×をご記入ください）

1. 会話によるコミュニケーションのための学習素材として教科書は十分な定型表現を掲載している。　　　　　　　　　　　　　　　　　　　[　　　]

2. インタラクションは、話しことばによるやりとりの際に生じるもので、書きことばによるやりとりでは生じない。　　　　　　　　　　　　　[　　　]

3. 定型表現を使用した会話の活動は難しいので初級英語学習者には不適切である。　　　　　　　　　　　　　　　　　　　　　　　　　　　[　　　]

1. 英語学習者にとって定型表現の習得はなぜ難しいのか？

　皆さんは、「"call for"って見たことある組み合わせだけど、どういう意味だったかな？」とか「"carry out"は熟語だとわかるけど、意味が思い出せない…」などといった経験をしたことがあるのではないでしょうか。見覚えや聞き覚えがある表現なのに、その表現が実際のコミュニケーションの場面で使えないのはなぜなのか、定型表現の習得が私たちにとって困難な理由を一緒に考えてみましょう。

1.1　遭遇頻度が少ない

　1つ目に、定型表現へ遭遇する頻度の少なさが挙げられます。英語母語話者の場合、定型表現は様々な文脈において繰り返し遭遇することにより、ひとまとまりの表現として認識され徐々に習得されます（第6章参照）。一方、EFL環境で英語を学ぶ学習者（以降、英語学習者）の場合、一般的には目標言語への遭遇頻度が限られています。したがって、英語に頻繁に遭遇することにより定型表現に気づき、習得するということは概して困難であると考えられます。

　では、学習者が英語表現に遭遇する重要なツールである教科書には、どのような定型表現が載せてあるのでしょうか。特に会話で出現する表現はどのくらい含まれているのでしょうか。Biber et al. (2004) は、大学生が使用する教科書に掲載されている4語からなる連語に注目し、会話の場合と比較検討しました。Biber et al. は、アメリカ合衆国の4つの異なる地域にある大学のビジネス、教育、工学、人文学、自然科学、社会科学の教科書から文章をサンプリングし、コーパス（実際に書かれたり話されたりした言葉を収集、構造化してコンピュータに蓄積した大量の言語分析のための資料；第6章参考）を利用して分析しました。その結果、教科書に掲載されている定型表現の種類は会話の約半分ほどしかなく、その使用頻度は会話の半分以下であることが示されました。また、使用される連語のタイプも会話で使われるタイプとは異なることがわかりました。冒頭の、自己診断テスト1「会話によるコミュニケーションのための学習素材として教科書は十分な定型表現を掲載してい

る。」の答えは×です。たしかに、教科書にも定型表現は使用されていますが、会話などコミュニケーションで使用できる定型表現の知識を獲得するには、教科書を使用した学習のみではその種類が十分ではないと考えられます。教科書の学習に加え、定型表現へ遭遇する頻度や種類の不足分を補う学習を工夫する必要があるといえます。

1.2　構成語が一般的で気が付きにくく、構成語から意味が推測しにくい

　2つ目に、定型表現の構成語が一般的に馴染みの深い語であり、気が付きにくいことが指摘できます。たとえば、最も一般的であり高頻度で使用される句動詞 (phrasal verbs) は、英語学習において無視することができない定型表現ですが、英語学習者が特に学習に苦労し、指導が困難ともいわれます (Sinclair, 2004)。句動詞は、一般的にゲルマン語に起源をもつ単音節の動詞と副詞あるいは前置詞から成っています。たとえば、carry 名詞 out 、look forward to、get out of などです (Biber et al., 1999; 6 章参照)。これらの例から、構成語が極めて見慣れた語であるため学習者の注意を引かず、定型表現と知らなければ見落とされる場合もあると想定できます。さらに句動詞を難しくさせている点は、句動詞の意味がその構成語から推測しにくいという点です (Sinclair, 2004)。前述のように、句動詞は非常に一般的で頻繁に使用される表現です。したがって、英語母語話者は他者との相互交流 (interaction) の中で日常的に様々な文脈において句動詞に遭遇し、全体としてその意味（句動詞が示す内容）と（その句動詞が使用される）文脈を共に習得していきます。一方、英語への遭遇の機会が限られる英語学習者にとっては、句動詞の習得は課題が多いといえるでしょう。

2.　定型表現の学習メカニズム

2.1　用法基盤モデルに基づいた言語習得論

　定型表現を習得する環境は、英語母語話者と英語学習者、特に EFL 学習者とでは大きく異なることは否めません。しかしながら、かなりの程度まで母語の学習と L2 の学習の過程に共通する点があることも指摘されています

(Ellis, 2003)。そこで、英語母語話者の言語習得の過程を見ていきましょう。

　Langacker (1987) は、言語は実際のインタラクションの中で言語に繰り返し遭遇し、使用することでゆっくりと習得される、という用法基盤モデルの考え方に基づき認知文法を提唱しました（第 6 章参照）。すなわち、言語習得は人間が生来もっている相互作用本能 (interactional instinct) によるプロセスであり (Schumann, 2010)、言語は人と人との発話によるコミュニケーションの中で適応するよう創発 (emerge) する文化的産物 (cultural artifact) で世代を超えて後継されていくもの (Lee et al., 2009; Tomasello, 2003) と考えました。さらに、Tomasello (2003) は用法基盤モデルを発展させ、英語母語話者の言語習得論としての用法基盤アプローチを提案しました。Tomasello (2003) によると、私たちは他者とのコミュニケーションを取りながら大量の言語に触れることによってその中に共通する語のパタン（構文 (construction)）があることに気づき、ゆっくりと言語を習得していくとされています。つまり、言語習得の過程において、まず具体的な表現が習得され、その蓄積により段階的に一般化（構文をテンプレートとして使用し、自分が表現したい内容を表す表現を創り出すことができる）へと進んでいくと考えられています。

　ここで注意すべき点は「構文」が指しているものが、私たちが一般的に英文法で使用する「構文」とは異なることです。用法基盤モデルに基づいた構文は、形態素（例：動詞規則活用の過去形の -ed）から単語、イディオム、複雑な文までを含んでおり、1 つの英文は複数の「構文」により構成されると考えられています (Goldberg, 1995)。また、スキーマ的要素（スロットをもつテンプレートとしてスロットにいろんな語句を入れ替えて使用することができる）を備え持っているという点は構文の大きな特徴とされます。したがって、構文は抽象的要素をもち、遭遇頻度が増えていくにしたがって文法（規則）が創発します。用法基盤モデルの視座からは、定型表現は構文の一部分（一種）と捉えられます (Buerki, 2016; Bybee, 2010)。

　用法基盤モデルに基づいた言語習得を子どもの成長に沿って見ていきましょう。Tomasello (2003) は、子どもは 2 つの認知能力、すなわち「意図読み取り (intention-reading)」と「パタン発見 (pattern-finding)」により言語を習得するとしています。これらの 2 つは、言語獲得の前提条件とされ、他者

とのコミュニケーションの中で培っていくものと考えられています。

　ここからは、もう少し詳しくこれらの 2 つの認知能力について見ていきましょう。まず、「意図読み取り」です。生後 6 か月の頃の子どものインタラクションは、2 項（自分とコミュニケーションの相手）間ですが、生後およそ 9 か月から 12 か月の頃にそれは 3 項（自分、コミュニケーションの相手、自分と相手が共有する対象物）間へと大きく変化します。つまり、養育者（対話者）と同じ対象物を認識し、それに向けて発せられた言葉の意図を理解するようになります。この時期になると、子どもは養育者（対話者）が見ているものを目で追う「視線追従（gaze following）」や、大人と物体を媒介したインタラクションをある程度持続する「共同の関わり合い（joint engagement）」、ある対象物に対する評価などを判断する手がかりとして大人の表情などを利用する「社会的参照（social referencing）」をするようになります。また、対象物に対して大人が行っているのと同じ方法で働きかけをしようとする「模倣（imitative learning）」が見られ始めます。これは、子どもが相手のことを自分と同じく意思や目的をもつ主体であると理解できるようになったことを示しています。そして、コミュニケーションスタイルがこれまでの「自分と対話者」という 2 項関係によるものから、「自分と対話者と（注意を共有する対象物である）事物」の 3 項関係によるものに変化します。Tomasello (1999) は、この共同注意の始まりによる急激な行動の変化を「9 か月革命（nine-month revolution）」とよんでいます。

　子どもの発話は、一般的に 1 歳を過ぎた頃に出現します。この頃に、「対話者の意図を読み取る重要な認知能力が備わるからである」と Tomasello (2003) は述べています。上述の「意図読み取り」に必要な 3 つの認知的基盤をまとめると次のようになります。

① 　共同注意フレーム（joint attentional frame）
　　 コミュニケーションの中で「自分と相手、注意を共有している対象物」の 3 項関係を理解し、対話者との「共同注意フレーム」を構築します。
② 　伝達意図の理解（understanding communication intentions）
　　 3 項関係に基づき、子どもは、コミュニケーションに従事している対話

者が自分に向けた発話に意図があることを理解します。他者の「伝達意図」を理解することで、子どもは、言語や文化を学習していきます。

③　役割反転模倣（role reversal imitation）

「伝達意図の理解」ができるようになった子どもは、他者と（その他者が注意の対象としている）対象物との関係を、自分自身と（その対象物と）の関係に同調させることができるようになります。そして大人が対象物に行った働きかけを模倣して、同じように対象物に働きかけることができるようになります。

　言語の習得に重要とされるもう1つの認知能力は「パタン発見」です。子どもは、周囲の人との相互交流の経験を通じて、語彙項目ごとに使用される場面と周囲の大人の使用表現を対応づけて、表現を1つ1つ学んでいきます。その語彙項目の使い方を知識として蓄積していくうちに、生来備わっている統計学習能力によりそれらの表現に共通するパタンを発見しスキーマ（規則）を抽出していきます。そして、遭遇頻度が高い構文は、定着（entrenchment）し、相互にネットワークを構成していきます。Langacker (1987) は、言語を「慣習的な言語的単位の体系化された構文目録（a structured inventory of conventional linguistic units）」と見なしています。

　では、子どもの文法発達の過程はどのようになっているのでしょうか。Tomasello (2009) によると、子どもの言語の文法は次のような段階を経て発達します。子どもの生後12か月の頃の最初の発話は、1語発話とよばれます。子どもは大人の発話をゲシュタルト（Gestalt）的に認知し模倣するため、文レベルの表現（英文全体）を1語（ひとかたまり・1つの語）のように産出したりします。これを1語文（holophrases）といい、（文全体を1つのかたまりのように発音するため）その発音は明瞭さを欠く場合が多く見受けられます。次に出現するのは、複合語（multi-word utterances）です。複合語は、生後18か月〜24か月頃に現れ、語結合（word combinations）・軸語スキーマ（pivot schemas）・項目依存構文（item-based constructions）の3つのタイプがあります。語結合と軸語スキーマは、項目依存構文に先駆けて生後18か月頃に出現します。語結合は、たとえば机の上にあるボールを見て"ball table"と表現す

るような同等の 2 つの語を組み合わせる表現です。軸語スキーマは、1 つの軸となる語と、語の入れ替えができるスロットの組み合わせで、"more milk" や "more juice" のような表現がこれに該当します。Tomasello (2009) は、これを言語における最初の抽象化としています。そして、生後 24 か月頃、子どもは実際に耳にした具体的な動詞に依存し、特定の動詞ごとの構文を発話するようになります。これが項目依存構文の段階に出現する動詞島構文 (verb island constructions; 図 1；スキーマ同士は構造的に関連がなく、一つ一つがまるで「島」のようであることから) です。遭遇頻度の増加により動詞島構文がある程度習得されると、子どもの文法発達はそこから類似性を抽出し構文の一般化に進んでいきます。

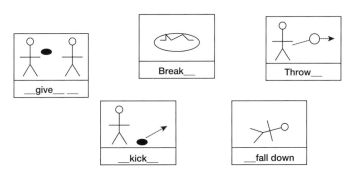

図 1　生後 24 か月の子どもの項目依存スキーマの例
(Tomasello, 2003, p. 120 より一部抜粋)

　そして、3 歳〜 4 歳の頃、抽象的統語構文 (abstract constructions) の段階へ進み、新たな文を自分で創り出せるようになります。Tomasello (2003, 2009) は、パタン発見を言語習得における文法面を構築する認知能力としています。このように、子どもの言語習得は意図読み取りとパタン発見スキルにより発達していきます。

2.2　インタラクション

　人間が言葉を発するのは、何のためでしょうか。Lee et al. (2009) は、人間の子どもは生まれながらに相互作用本能をもっているとしています。また、

Tomasello（2003）は、言語習得は人間の子どもの「他者とコミュニケーションを取りたい」また「他者のようになりたい」という欲望により生じると主張しています（p. 31）。すなわち、他者との相互作用や、他者の言語使用の意図理解が言語習得の成立には不可欠なのです。他者との交流を通して、子どもたちは言語だけでなく文化も学習していきます。つまり、言語は社会的・文化的インタラクションの産物であると考えられ、実際に他者との交流の中で具体的な文脈において使用されることで習得されるのです（Lee et al., 2009; Schumann, 2010）。

3. 定型表現の学習を促進させるための学習・指導とは？

　前節から、定型表現の習得には、他者との交流と、（定型表現への）遭遇や使用頻度を高めることが重要とわかりました。しかし、EFL 環境では一般的にインプットが限られており、アウトプットする機会はさらに少ないというのが現状です。それでは、どのようにしたらよいのでしょうか。実は、意味処理を伴わない無意識的なわずかな感覚情報、つまりジェスチャーやイントネーションなどの非言語的情報も知識として機能する可能性があるという報告があります。つまり、一度その表現に触れただけでも、その表現は私たちの心内に何らかの記憶痕跡を残しているのです（太田・佐久間, 2016; Bybee, 2010; Ellis, 2002）。そう考えると、EFL 環境でも小さな遭遇経験の積み重ねにより、定型表現の習得に近づいていると期待できます。EFL 環境下の定型表現の指導・学習における注意点は、前述した「気が付きにくい」「意味が推測しにくい」という定型表現の特徴です。定型表現の学習を促進させるには、この特徴を学習者に伝え、状況に応じて明示的指導を行い、学習者の気づきをサポートしながら遭遇頻度を高めるよう指導するのが効果的（Ellis, 2002）といえるでしょう。この節では、EFL 環境で実施可能な 3 つの非明示的学習を実践例に触れながら考えていきます。

3.1　インタラクションを通した英語定型表現学習

　インタラクション、というと対面での話しことばによる相互交流をイメー

ジする人が多いのではないでしょうか。実は、実際に目の前に相手がいない
環境下であることが多いリーディングやライティング活動をしている際にも
インタラクションは生じています (Ortega, 2007; Savingnon, 2018)。自己診断
テスト 2「インタラクションは、話しことばによるやりとりの際に生じるもの
で、書きことばによるやりとりでは生じない。」の答えは×です。リーディン
グやライティングをしているときの自分を思い浮かべてみてください。題材
にもよりますが、リーディングをしているときには書き手をイメージして読ん
でいるのではないでしょうか。また、ライティングをしているときには読み手
をイメージして書いているのではないでしょうか。実際の教室では、話しこ
とばを使用した活動でのグループやペアでのコミュニケーション・タスクはも
とより、書きことばを使用する活動においてもグループやペアでの活動を取
り入れることでインタラクティブな英語表現の学習を実現させることができ
ます。グループワークやペアワークのメリットは、学習者同士のコミュニケー
ションの機会の増加、モチベーションの維持といえるでしょう (Bygate, 1988;
Savingnon, 2018)。学習者同士で相互交流しながらの反復は、退屈すること
なく楽しみながらの学習を可能にすることから、文脈に適した定型表現の反復
練習にも有効といえます (Wood, 2002)。

　英語学習者を対象とし、インタラクションを取り入れた実践の研究例を見
てみましょう。Waring (2019) は、日本語母語話者を含む英語学習者を対象と
した初級英会話の時間で、定型表現を含んだ電話での会話を用いた活動を行
いました。題材となった会話は、簡単な文法や語彙で構成された実際の会話
の録音で "Guess what."（会話の opening 機能）や "I don't know if it's possible
but ..."（リクエスト機能）など様々な機能をもつ定型表現を含んだものでした
（図 2）。

　授業では、導入の後、録音音声を流し、この授業のゴールは電話での会話
という文脈の中であいさつをしたりあいさつに返答したり、適切なタイミング
で交替しやりとりを行う、沈黙はトラブルを意味することを知る、などである
ことを受講生に伝え、台本の内容理解を深める活動（教師による易しい表現を
用いた内容説明、精読、リスニングなど）を行いました。その後、受講生たち
はペアになりロールプレイに取り組み、笑ったりお互いを称賛したりしながら

活動に参加しました。ロールプレイの直後の調査では、受講生たちがこの活動を楽しみ、有意義に感じていたこと示されました。インタラクションは、言語だけでなくジェスチャーや表情など様々な要素から成立します。この実践は、言語資源が乏しい初級英語学習者でもインタラクションを楽しみながら自然な会話を学習することができる良い例です。すなわち、EFL 環境においても、このような方法を用いた定型表現の指導や学習が、英語習熟度を問わず可能であるといえます。自己診断テスト3「定型表現を使用した会話の活動は難しいので初級英語学習者には不適切である。」の答えは×です。また、ライティング力も定型表現の習得により発達します（Wood, 2002）。教室内でクラスメイトを読み手とするライティング活動なども、環境を問わず可能なインタラクションを含んだ活動といえるでしょう。

1 + rings	
Marcia:	Hello?
Donny:	Hello Marcia,
Marcia:	Yea [:h]
Donny:	[('ts) Do]nny.
Marcia:	Hi Donny.
Donny:	Guess what. hh
Marcia:	What.
Donny:	hh my ca:r is sta::lled.

会話の opening

Donny:	[Okay then I gotta call
	Somebody else. right away.
	Okay? =
Marcia:	= Okay [Don.]
Donny:	[Thanks] a lot. = Bye-.
Marcia:	Bye:

会話の closing

図2　会話の opening と closing の例
(Waring, 2019, pp. 218–219 より一部改変)

3.2　多読・多聴を通した英語定型表現学習

　EFL 環境で十分なインプットを叶える学習として、多読と多聴が注目を浴びています。定型表現は高頻度で使用されるため、多読や多聴により定型表現への遭遇頻度が増加し、気づき・定着が期待できます。

　多読・多聴とは、学習者が英語のまま容易に理解できるレベルの英語を大量に読む・聞く学習法です。完全に理解しようとせず、8 割程度の理解で話の内容全体を捉えるようにします。英語学習者が、英語を処理していることを忘れて内容に没頭できるレベル（学習者の習熟度に対して少し易しめのレベル、また興味が持てる内容）のものが適しているといえます（Krashen & Mason, 2020）。多読・多聴は、学習者自身が自分に合ったレベルの題材を選ぶことができ、自律的に学習を進めることができる学習法です。

　多読の実施方法には、授業内多読と授業外多読があり、教師は多読を進める上ではアドバイザー的な役割をすることになります。多読中は辞書を引かないように指導しますが、気になった表現は読んだ後に辞書で確認することも効果的であると学習者に伝えることもお勧めです（髙瀨, 2010）。特に、句動詞のように馴染みのある単語の組み合わせで、意味がその構成語からは推測できない定型表現は注意が必要です。教師は、頻繁に出てくる語の組み合わせは構成語とはまったく異なる意味をもつ場合があることを学習者に伝え、読書後に辞書で意味の確認をすることを指導するとよいでしょう。

　多読を通した学習効果として、読解力など英語力全般の向上が多く報告されています。ここでは、授業で多読を行った実践例をご紹介します。西澤ほか（2006）は、英語に苦手意識をもつ工業高等専門学校生を対象に、多読の授業を行い TOEIC とアンケート調査によりその教育効果を検証しました。受講生には読書記録を付けさせましたが純粋に多読を楽しむことを目的とし、成績は多読以外の試験で評価しました。また、受講生が多読の効果を実感できるように TOEIC を定期的に受験させました。そして、多読授業 3 か月経過後、読書状況、実効感のアンケート調査、易しいレベルの英文の読書速度の測定を行いました。その結果、読書速度と読書累積語数の間に相関関係が認められました。また、アンケートでは 20 万語以上読んだ受講生は、英文を読むのが楽になったことを実感していること、日本語に訳さず英語のまま読み進める傾向が高くなっていることが示されました。TOEIC のスコアに関して、同じ学校に通う多読の授業を導入していない学年と比較した結果、100 点以上の差があったと報告しています。さらに、西澤らは授業外多読を行ったクラスの読書累積語数は、授業内多読を行ったクラスよりも大幅に少なかった

ことから、授業で多読の時間を確保する重要性を指摘しています。また、教室内での多読には、友達と一緒に英語の本を読んでいるという環境によるインタラクションの効果もあると考えられます（門田ほか, 2021）。この研究は、定型表現の学習についての研究ではありませんが、定型表現の遍在性を考えると、英語の本を大量に読んでいるうちに、様々な定型表現に繰り返し遭遇したであろうと推測できます。多読や多聴で定型表現を指導・学習するには、繰り返し出てくる表現があれば注意して、継続的に大量の英文に触れるように導くことが重要といえます。

3.3　音読を通した英語定型表現学習

　言語習得には、アウトプットによる学習も重要です。音読による定型表現学習を取り上げてみましょう。音読を繰り返し練習することで、サブボーカル・リハーサル（subvocal rehearsal; ワーキングメモリの音韻ループ内で音声情報を心の中で復唱しながら保持する機構；第 2 章 3 節参照）が鍛えられます。そして効率よくリハーサル（復唱）できるようになり、新たな定型表現がユニットとして長期記憶内に転送・貯蔵され次第に無意識的に使用できるようになっていくのです。音読のしくみと定型表現学習へのつながりを詳しく見ていきましょう。

　音読そのものは、音韻符号化（phonological decoding）、文法・意味処理、発音、聴覚フィードバック、という 4 つの処理を同時に行う多重処理であり、英語の表現を覚えることを目的とした学習ではありません。音読は、これら 4 つの同時処理を繰り返し行っているうちに、表現（新規の語彙や定型表現など）が非明示的に内在化（internalization）・自動化（automatization）される学習といえます（門田, 2020）。また、人間の複数の感覚、たとえば視覚、聴覚、運動感覚、感情を働かせながら学習すると、記憶に残りやすくなります（太田・佐久間, 2016）。これを「複数手がかり効果」といい、その点からも、音読は記憶定着の効果が期待できる学習方法といえます。

　次に、音読の練習により定型表現を含む語彙、文法情報の学習が可能となる過程を見てみましょう（図 3）。まず、視覚情報（文字言語）を音声化する音韻符号化が自動化に近づいた状態になることが大切です。音読の反復練習に

より音韻符号化が自動化に近づくと、音声復唱の効率が上がり約 2 秒間（一時的にサブボーカル・リハーサルに保持できるとされる時間）にリハーサルできる語やフレーズの（言語情報の）数が増加します。そうして、定型表現などの複数語からなる表現も長期記憶への転送が可能になり習得につながるのです（門田, 2015）。

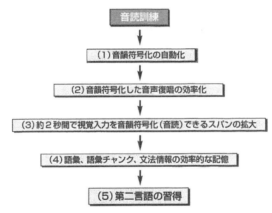

図 3　音読の訓練は第 2 言語習得にいかに関わっているか
（門田, 2015, p. 201)

　また、音読の効果は音読時に学習者の意識がどこに向けられているかによって変わるため、指導の際に気をつける必要があります（門田, 2012）。外国語学習としての音読の目的は次の 4 種類に分けられます。それらは①音声と文字を結びつけるための音読、②内容を理解するための音読、③他人に読み聞かせ、理解させるための音読、そして④語彙・文法ほか、言語を構成するすべての要素を内在化させるための音読の 4 つです（鈴木, 1998, p. 16）。この 4 つの音読のうち、L2 学習者にとって特に重要な音読は、①と④です。①は、音韻符号化のトレーニング、すなわち文字言語の音声言語への変換のトレーニングとしての音読です。母語の場合は、音韻符号化を自動的に行う能力が自然に身についていますが、L2 の場合にはトレーニングが必要です。L2 の新たな語やチャンクを音読により長期記憶に転送できるようになるためには、この音韻符号化が自動化に近づいていることが重要です。④は、語彙や

チャンク、構文などを長期記憶に内在化するための音読です。この音読をする際に重要なことは、意味内容を理解しながら音読することです。そうすることで、新たな語彙や文法、構文が内在化されます（門田, 2012）。

　では、音読を通した定型表現の学習例としてはどのようなものが考えられるでしょうか。音読する際には前述の④を意識して音読練習するように学習者を指導するとよいでしょう。また、授業内の場合、インタラクションを含む活動として音読を取り入れると、学習者たちが楽しみながら効率的に学習できます。そのような活動例の１つとして、「物語整序ゲーム」をご紹介します。6人グループで活動する場合を例として、手順を図4に示します。

【準備】
英文の物語を印刷し6枚のスリップに分割（各グループに1物語分となる6枚のスリップを準備）※学習させたい定型表現を物語の英文に埋め込んでおく・スリップに記号（例：A, B, C）を振っておく（答え合わせ時便利）

【授業内ゲーム：グループ活動】
①　スリップ配布：
学生を6人グループに分け、各グループにスリップの束（1物語分）を配布→各学生1スリップを担当するようにグループ内で担当を決定
②　音読・物語整序：
スリップの文字をグループの誰にも見せないようにして、グループのメンバーに各担当箇所を音読する（順番を整えて意味の通る物語となるまで、グループ内で音読を繰り返す）

【ゲーム後活動】
順番をクラスでシェアし、確認する

図4　物語整序ゲーム手順

　この活動では、グループで楽しみ、意味を考えながら、繰り返し英語表現に触れることができます。物語は、オチやユーモアがあるものなどが楽しくてよいでしょう。教師は、学生たちの様子を観察し、進捗をチェックしたり、必要に応じてアドバイスしたりしますが、主導権を学生たちに渡し、教師の関与は最低限にすることをお勧めします。協力し物語を完成させることで学生たちは達成感を得ることができます。追加の活動として、使用した定型表現の意味確

認（明示的指導）や、物語が書かれたスリップをすべて回収した後、英語で物語の要約を書かることなども効果的です。活動中に触れた表現を再度思い出す良い機会となり定着の可能性が高まります。その際は、誰かに伝えるように書かせると、そこでもインタラクションが生じる活動となります。

■本章における学習の到達状況を確認しよう

到達目標	十分到達できた	一部到達できた	努力を要する
英語学習者が、定型表現を習得するのが困難な理由を説明することができる	英語母語話者の場合との違い、定型表現の特徴などを踏まえて説明ができる	定型表現への遭遇頻度が少ないことだけが原因だと考えている	定型表現の意味を調べて暗記をする努力が不足だからと考えている
定型表現を内在化させるための指導・学習を考えることができる	用法基盤モデルの理論を基に、EFL環境で実施可能な定型表現の指導・学習を提案できる	定型表現の学習に重要な点について説明することはできるが、具体的な学習法は提案できない	学習者に定型表現を暗記するよう指導すれば定型表現を習得させられると考えている

■理解を深めよう

　定型表現に学習者が注意を向けて、学習者自身で気が付くことができるようにするにはどのような例を提示すればよいか考えてみましょう。

■図書案内

・ **Schmitt, N.（Ed.）.（2004）.** *Formulaic sequences: Acquisition, processing and use.* **John Benjamins.**
　L1・L2 学習者の定型表現の処理や習得に関する研究を収録しており、研究デザイン・結果共に今後の研究に大変参考になる事例を多く含んでいる。

・ **Tomasello, M.（2003）.** *Constructing a language: A usage-based theory of language acquisition.* **Harvard University Press.**
　用法基盤モデルに基づいた子どもの言語習得論に関する書籍。子どもの成長を追って言語習得の過程が詳細に書かれている。

第8章

文理解のメカニズムと
学習・指導法

■**この章で学ぶこと**

　英語が苦手な学習者の多くは、文法の知識を使って文を正確かつ迅速に処理することができない（統語処理が自動化していない）ことがこれまでの先行研究で指摘されています。その原因の1つとして、英語が苦手な学習者は、単語に含まれる文法情報あるいは、音声情報（アクセント・イントネーション等）の知識があるにもかかわらず、文を理解する際に、それらの知識をうまく利用できないことにあります。この章では、英語学習者の統語処理の自動化（効率的に素早く行える状態）を促進させるためには、教室内でどのような活動やタスクを行えばよいのか、理論と実践の面から検討します。

■**自己診断テスト（○か×をご記入ください）**

1. 教師が、文法の規則を学習者に説明しさえすれば、学習者の英語運用能力が
   高まる。　　　　　　　　　　　　　　　　　　　　　　　　　　[　　　]
2. 教師が、英単語の意味だけでなく、品詞の情報も学習者に提示すれば、学習
   者の英語運用能力は高まる。　　　　　　　　　　　　　　　　　[　　　]
3. 教師が、複雑な構造の文を学習者に示す際は、音声ではなく文字で示した方
   が学習者は理解しやすくなる。　　　　　　　　　　　　　　　　[　　　]

1. 統語処理は難しい？

A mouse chased by a cat climbed a tree. という英文を、英語母語話者が私た
ち英語学習者に言ったとします。私たちが、この文の意味を考える際、心の
中でどのような処理が行われているのでしょうか。この文は、「猫に追いかけ
られたネズミが木に登った」という意味ですが、このたった1文を理解する
だけでも、私たちの心の中では、少なくとも以下のような複雑な処理を行っ
ていると考えられます。

まずは、①音声を認識し（音声処理）、②「mouse はネズミ、cat は猫…」
というように、個々の単語の意味を理解し（単語処理）、③「A mouse が主語、
climbed という動詞があるから、chased は動詞ではなく過去分詞だな…」とい
うように、単語と単語の関係から文の構造を組み立て（統語処理）、④「主語
の部分は、猫に追いかけられたネズミは、という意味だな…」というように、
その文構造に意味の解釈を与え（意味処理）、⑤「猫のほうがネズミよりも大
きくて強いから、追いかけられているのはネズミのほうだな」というように、
聞き手（読み手）の一般的な常識を利用して、最も妥当な解釈を行う（スキー
マ処理）と考えられています（図1）。さらに、複数文になると、前後の文と
の関係を検討する（談話処理）ことも当然必要になります（須田, 2011; 横川,
2003; 中西, 2017）。

上記の①−⑤のような処理は、ワーキングメモリ（working memory）とよば
れる、心の作業机で行われると考えられています。入力されたことばの情報
は、ワーキングメモリ上でいったん保持され、長期記憶（long-term memory）
とよばれる、心の机の引き出しに格納された様々な知識（音声・単語・文法
など）に検索をかけ、検索情報をワーキングメモリ上に引き出すことで処理
が行われます。また、ワーキングメモリは、心の作業机と例えられるように、
厳しい容量制限があるため（Cowan, 2001; Just & Carpenter, 1992）、長期記憶
からいかに迅速に入力情報に関わる情報を検索し、照合を行うことができる
かどうかが理解において重要な鍵となるといえそうです。

図1　言語情報処理のモデル (坂本, 1998, p. 5 を改変)

　さて、①-⑤の処理段階の中でも、統語処理が、日本人英語学習者にとって最も困難な処理であり、限りあるワーキングメモリ資源の大半を使用している可能性があると指摘されています（Nakanishi & Yokokawa, 2011; 鳴海ほか, 2013）。このような第2言語学習者の統語処理の性質は、Clahsen & Felser（2006）により、浅い構造仮説（Shallow Structure Hypothesis）として提唱されています。彼らは、第2言語学習者の統語処理能力は不完全であるため、意味情報や文脈情報のような文法以外の手がかりに依存した処理がなされると指摘しています。

　冒頭の、自己診断テスト1「教師が、文法の規則を学習者に説明しさえすれば、生徒の英語運用能力が高まる。」の答えは×と言えるでしょう。たしかに、学習者が苦手な文法の規則を明示的に教えることは、長期記憶中の文法知識を豊かにしてくれますが、コミュニケーションを円滑に進めるうえで重要なのは、その文法知識をいかに迅速に活用できるかどうかにかかっているのです。

2.　統語処理の心理メカニズム

2.1　統語処理とは？

　次に、The girl greeted the boy with a smile. という英文の意味を考えてみま

しょう。さて、笑っている人は、(a) 少女でしょうか、それとも (b) 少年でしょうか? 多くの方は、(a) 少女と解釈したことと思います。

　その理由を考える前に、心の中でどのように統語処理がなされているのか簡単に紹介します。読み手は、上記の文を解釈する際に、下記 (図2) のようなツリーを心の中 (ワーキングメモリ) で組み立てて、文の構造を理解していると仮定されています。図3のSは文 (Sentence)、Vは動詞 (Verb)、VPは動詞句 (Verb Phrase)、NPは名詞句 (Noun Phrase)、PPは前置詞句 (Prepositional Phrase) を表します。また、これらの品詞 (範疇) 表示がある部分を節点 (node) とよびます。たとえば、(a) の解釈をした人は、この文 (S) は、NPとVPから成り、右側のVPがVとNPとPPに分かれている構造の文として捉えています。それでは、with a smile に着目して、もう一度、(a) と (b) の解釈を見てみましょう。(a) の解釈では、PPは、VPに直接関わっていることがわかります。つまり、PPの働きは、Vに説明を加えることになり、「笑って挨拶をした」という解釈が可能となります。一方、(b) の解釈では、PPは、NPの一部として捉えられることになり、名詞を説明する働きをしています。つまり、「笑っている少年」として解釈されるのです。

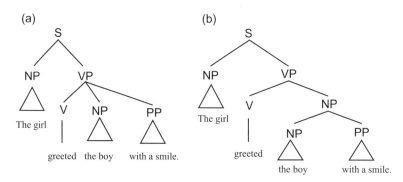

図2　2通りの解釈の背後にある統語構造

　(a) の解釈のほうが優先される理由は、(a) が (b) よりもワーキングメモリにかかる負荷が少ないためです (Ferreira & Clifton, 1986; Frazier & Rayner, 1982 など)。それでは、なぜ (a) のほうが、ワーキングメモリにかかる負荷が少ないと言えるのでしょうか。それは、節点の数が (a) よりも (b) のほうが

少なく、単純な構造であるからです。(a) は、with a smile という PP が、既存の VP に接続するだけですが、(b)は、with a smile という PP が増えたことで、NP という節点が新しく増えることになり、全体として (a) よりも節点の数が多く、複雑な構造となってしまうわけです (坂本, 1998)。

　図 2 のツリーは、人間に備わる文解析器 (parser) により構築されると仮定されていますが、できるだけ簡単な構造になるように、次々に入力された情報を受け取りながら、文の構造を組み立てています。この文解析器の性質を「最少付加の原則」(Minimal Attachment Principle) とよびます。

　今回紹介した The girl greeted the boy with a smile. のような文は、2 通りの解釈が可能な曖昧な文であるため、通常のコミュニケーションの場面ではあまり用いられません。一般的には、The smiling girl greeted the boy. あるいは、The girl greeted the smiling boy. のようにして発話者の意図を正確に伝えることが多いでしょう。ただし、心理言語学の実験では、上記のような構造的に複数の解釈が可能な文 (あるいは、2.4 で紹介する一時的曖昧文) をよく用います。それは、読み手が好む解釈を知ることができれば、読み手の文解析器の癖が明らかになるからです。このようにして、私たちの目で直接観察することができない、心の中での統語処理のメカニズムを推測することが可能になるのです (広瀬, 2011)。

2.2　統語処理を助ける手がかり

　先述の The girl greeted the boy with a smile. という文を読んだ際、読み手の頭の中では、「最少付加の原則」に基づき、図 2 (a) のような、動詞句接続の解釈 (前置詞句が動詞句に付加される構造) を優先することを確認しました。では次に、上記の文の with a smile「笑って」を with a tie「ネクタイをした」に変えてみましょう。(c) The girl greeted the boy with a tie. という文になりますね。さて、ネクタイをしているのは、「少女」か「少年」のどちらでしょうか。最少付加の原則に基づくと、文解析器は「少女」の解釈を好むはずですが、おそらく、「少年」と答えた方が多いかと思います。

　(c) の文に用いられている前置詞句 with a tie「ネクタイをしている」は、意味的に考えると、「少女」よりは「少年」が使用する傾向がありますね。

(c) の文は、このような意味的な情報を読み手に提供することで、前置詞句を名詞句に接続させるよう（図2 (b) の構造）に誘導しています。では、このようなヒントは、いつどのように構造選択に利用されるのでしょうか。また、英語母語話者と日本語母語話者ではその傾向が異なるのでしょうか。

　この疑問に関して、様々な研究がなされてきましたが、結論から言うと、先ほどの (c) 文の例のように意味情報、あるいは文脈情報が統語処理をガイドする役割を果たすことが、英語母語話者（Altman & Steedman, 1988; Altman et al., 1992; Garnsey et al., 1989; Trueswell et al., 1994）のみならず、日本人英語学習者を対象にした多くの研究において示されています（里井ほか, 2002; 三浦・横川, 1994; Nakanishi, 2007; Narumi & Yokokawa, 2013; Roberts & Felser, 2011）。このように、文解析器は「最少付加の原則」などの構造的な選好性を何よりも優先させるのではなく、意味情報・文脈情報など文法以外の情報が、統語処理と同時並行的に行われるという考え方（制約依存モデル（Constraint-based Model））が一般的に支持されています（図3）。

図3　制約依存モデルのイメージ (門田, 2015, p. 85)

ただし、語彙に含まれる文法情報や音声情報を、文解析器が文構造を構築する際に参照しているかどうかについては、英語母語話者と日本人英語母語話者では異なることが報告されています（2.3, 2.4 節参照）。

2.3　語彙情報の手がかり

　前述の通り、言語知識は長期記憶に格納されていますが、中でも、語彙の知識が格納されている心の辞書は、メンタルレキシコン（mental lexicon）とよばれています。メンタルレキシコンには、語の様々な情報が含まれています。

たとえば、sleep という語には「眠る」という意味情報の他にも、「主語となる名詞を要求する動詞」というような文法的な情報も含まれています。同様に、eat という語には「食べる」という意味情報の他にも「主語と直接目的語の 2 つの名詞を要求する動詞」というような文法的な情報も含まれています。このように、その語がどのような品詞をいくつ要求するのかというような情報を下位範疇化情報（sub-categorization information）とよびます。

　このような、語彙に含まれる下位範疇化情報を参照しながら、英語母語話者は文を構築しています（Kamide et al., 2003; Wilson & Garnsey, 2009）が、日本人英語学習者はその情報を十分に利用できないことが明らかにされています（橋本ほか, 2011; 橋本・横川, 2009; 坂東, 2016）。

　英語母語話者を対象にした研究では、Wilson & Garnsey（2009）が、直後に直接目的語を要求することが多い動詞（例：confirm）を用いて、動詞直後に直接目的語が後続する文（一致条件, 1a）と、従属節が後続する文（不一致条件, 1b）の下線部の読み時間を比較しました。

(1a)　　　［一致条件：直接目的語バイアス動詞−直接目的語］

　　　　　The CIA director confirmed the rumor <u>when he</u> testified before Congress.

(1b)　　　［不一致条件：直接目的語バイアス動詞−従属節］

　　　　　The CIA director confirmed the rumor <u>could mean</u> a security leak.

　その結果、英語母語話者は、動詞下位範疇化情報と実際の文構造が一致しない条件（1b）は、一致する条件（1a）よりも読み時間が長いことがわかりました。これは、英語母語話者は、confirm という動詞の下位範疇化情報（直接目的語を要求する動詞）を利用していたため、confirm の後に直接目的語（the rumor）が後続する一致条件（1a）では読み時間が短いと考えられます。一方、不一致条件（1b）においては、読み手は confirm の直後の the rumor を直接目的語として捉えていたところ、could mean という予想外の動詞句が後続したことから、the rumor は目的語ではなく主語であると捉え直さなければならず、読みに時間がかかることになります。

　このことから、英語母語話者は、動詞下位範疇化情報を利用しながら文の構築を行っていることがわかります。一方、日本人英語学習者を対象にした研究でも同様の実験がなされていますが（坂東, 2016）、（1a）と（1b）の間には、

読み時間の差が見られませんでした。つまり、日本人英語学習者は、文構築の際にリアルタイムで、語に含まれる下位範疇化情報を十分に利用できないことがわかります。そもそも、日本人英語学習者には、動詞の下位範疇化情報の知識がないのではないかという疑問が残りますが、籔内ほか (2011) は、英語の習熟度が低い学習者においても、他動詞に関する知識（例：drink という動詞は、coffee のような名詞が後続する）を有していることを確認しています。

　自己診断テスト 2「教師が、英単語の意味だけでなく、品詞の情報も学習者に提示すれば、学習者の英語運用能力は高まる。」の答えは×と言えるでしょう。たしかに、語には意味情報のみならず文法情報も含まれており、語彙指導の際に学習者にそのことを意識させることは極めて重要です。ただし、多くの学習者が英文理解の際に困難を抱えている理由は、学習者が既に知っている文法情報を文理解の際に迅速・正確に活用できないからなのです。

2.4　音声情報の手がかり

　語の下位範疇化情報と同様に、音声に関わる情報（音の高さ：ピッチ）もまた、日本人英語学習者は、英語母語話者のように統語処理の際にうまく利用できていません。そのことを示した Nakamura et al. (2020) の研究を紹介します。

　Nakamura et al. (2020) は、Put the cake on the plate into the basket.（皿の上のケーキを、かごの中に入れなさい）のような一時的曖昧文とよばれる文を音声で実験参加者に提示しました。この文が、一時的曖昧性を伴う文とよばれる理由を説明します。Put the cake on the plate... と、前置詞句まで聞いた段階では、聞き手の解釈としては、その前置詞句が a) the cake を修飾する要素となる可能性（「皿の上のケーキを置く」）、b) put を修飾する要素となる可能性（「皿の上にケーキを置く」）、2 通りの解釈が可能ですね。しかし、最終的に into the basket という前置詞句が現れるため、a) の解釈しか成立しなくなり、一時的に生じた曖昧性が解消されるためです。

　この研究では、英語母語話者・日本人英語学習者に対して、図 4 のような絵（「皿の上に置かれたケーキ」・「ナプキンの上に置かれたケーキ」）を提示して、Put the cake on the plate into the basket. という文を実験参加者が聞いてい

る間、実験参加者の視線がどのように動いているのか調べました。このように、リスニング中の学習者の理解プロセスを、リスニング中の学習者の眼の動きをたどることで解明しようとする試みがなされています。この実験手法は、視覚世界パラダイム（Visual World Paradigm）とよばれます。この手法を用いれば、Put the cake on the plate into the basket. という文を最後まで聞いた地点で、聞き手が正しく理解できていれば、最終的に視線は左上のかごにあることが予想されます。そればかりではなく、たとえば、the plate が音声提示された地点の聞き手の視線の位置がわかれば、聞き手はその地点でどのような理解をしているかがわかるのです。

　この実験では、図 5 下段の線が示すように、on the plate の $PLATE_{L+H*}$[1] を、いったんピッチを下げた後に上昇させた音声を実験参加者に聞かせることで、「ナプキンの上のケーキ」ではなく、「皿の上のケーキ」に実験参加者の視線を誘導しました。

図 4　実験で提示された絵

(Nakamura et al., 2020, p. 4)

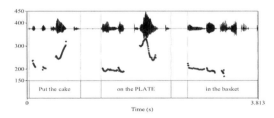

図 5　Put the cake on the PLATE$_{L+H*}$ into the basket.

(Nakamura et al., 2020, p. 6)

1　L＋H* は話者のピッチが下降した後に上昇する下降上昇調 (fall-rise tone) の音調で、対比を示すピッチパターンとして知られている (Nakamura, et al., 2020)。

　その結果、on the PLATE~L+H*~ の段階で、英語母語話者はそのピッチ情報を
すぐさま利用して視線を「皿の上のケーキ」に移しましたが、日本人英語学
習者の視線は、必ずしもそのような動きではありませんでした。

　このように、英語母語話者は文構築の際、リアルタイムで音声のピッチ情
報を利用することができますが、日本人英語学習者は必ずしもそうでないこ
とがわかります。ただし、音声にまつわる情報の中でも、ポーズに関する情
報は、日本人英語学習者でも文理解時にリアルタイムで利用することができ
るという報告もあります（Nakamura 2012; Nakanishi, 2021）。

3.　統語理解を促進させるための学習・指導法とは？

　これまでの議論から、日本人英語学習者が母語話者に比べて統語処理が困
難であり、限りあるワーキングメモリ資源の大半を消費してしまうことが明
らかになりました。さらに、日本人英語学習者は、正しい解釈を導くための
ヒントとなり得る語彙情報や音声情報の知識があるにもかかわらず、英語母
語話者とは異なり、文理解の際にすぐに利用できていないことが示されまし
た。この節では、この現状を踏まえて、統語処理の自動化（automatization of
syntactic processing）を促進させるためには、どのような活動を行えばよいか
考えたいと思います。

3.1　実践例

　関係代名詞を用いた産出活動として、生徒 A と生徒 B のペア活動（イン
フォメーションギャップ活動）を紹介します。

教師　　Now, we will do an activity in pairs. Student A, you witnessed an
　　　　accident. Please read the passage aloud for Student B. Student B, you are
　　　　a detective. Please look at the picture and find the criminal among the
　　　　three men. Everyone, please stand up and face each other. Please start the
　　　　activity from student A.

生徒 A　The man who has black hair is not a criminal. The man who has gray hair is not a criminal. Who is the criminal?

生徒 B　The man who is red hair is the criminal.

The man who has black hair is not a criminal. The man who has gray hair is not a criminal. Who is the criminal?

図 6　生徒 A 用のプリント

図 7　生徒 B 用のプリント

　教師からは、関係詞を用いて発話するような指示は一切出されていませんが、生徒 B は、図 7 の絵を見て、上記のような関係詞を用いた文を産出することが予想されます。これは、統語的プライミング現象（syntactic priming effect）（Bock, 1986）とよばれます。生徒 A の音読に含まれる構文（図 6）を、生徒 B が無意識のうちにそのまま用いる現象を指します。生徒 B の脳内で、生徒 A が用いた構文が処理され、潜在的な学習が行われた結果、ターゲット文（関係節を用いた文）の使用が促進されたものと考えられています。このプライミング現象は、このような相手の使った構文のみならず、語彙レベルでも見られます。日常会話で、友人が使用した単語や言い回しを、無意識のうちに使っていたというような経験はないでしょうか。

　また、学習のターゲットとなる構文に接触する回数が多いほど、その構文は潜在的に学習されやすくなる（Kaschak et al, 2006; Morishita & Yokokawa, 2012）という報告もあります。たとえば、今回の例では、写真の容疑者の数を増やすことで、生徒 B が関係節を用いた文に接触する回数を増やし、その構文を産出させやすくすることで潜在的な学習を促すことも可能です。

　さらに、生徒 A にターゲット構文を音読させる際、The man who is bald / is not a criminal. のように、主語となる名詞句の直後にポーズをおいて、生徒 B が関係詞を含む構文を処理しやすくさせるように提示することも大切です。事実、Nakanishi（2021）では、統語的に適切な位置でポーズをおいた文を学習者にリスニングさせた場合（例：The suspect in the accident / will be

arrested.）は、統語的に不適切な位置でポーズをおいた文（例：The suspect in /
the accident will be arrested.）をリスニングさせた場合と比較して、学習者の理
解度が高いことを示しています。ポーズを適切な位置におくだけで、統語処
理にかかるワーキングメモリの負担を減らし、学習者の意識を統語処理に向
けることができるのです。

　自己診断テスト 3「教師が、複雑な構造の文を学習者に示す際は、音声で
はなく文字で示した方が学習者は理解しやすくなる。」の答えは×と言えま
す。構造が複雑な英文を、教師が黒板に書いて、日本語で構造の説明をする
よりも、適切な位置にポーズを入れた英文を音声で示してあげた方が、生徒
の注意が構造に向き、理解が進むものと考えられます。次節では、統語的プ
ライミング現象が生じるメカニズムについて簡単に説明をします。

3.2　統語処理が促進されるしくみ

　日本人英語学習者が英語母語話者のように統語処理を自動化させるには、
いかに語に含まれる下位範疇化情報をリアルタイムで利用することができる
かが重要な鍵となります。Pickering & Branigan（1998）は、語の統語情報は、
脳内に図 8 のようなネットワーク構造で格納されていることを提案していま
す。たとえば、give や send という動詞は［名詞句＋名詞句］あるいは［名詞
句＋前置詞句］という下位範疇化情報と共にネットワーク上で結びついてい
ます。このモデルを用いれば、普段私たちが日常的に経験している統語的プ
ライミング現象—発話の際、直前に相手が用いた統語構造を無意識のうち
に使ってしまう現象—を説明することができます。たとえば、The boy gave
a ring to the girl. という発話を聞くと、その発話に含まれる動詞のみならず、
［名詞句＋前置詞句］という下位範疇化情報も活性化されて、The mother sent
apples to the girl. のような同じ統語構造の発話が引き起こされやすくなるので
す。この現象は、第 1 言語研究のみならず、第 2 言語研究においても確認さ
れています（Pickering & Branigan, 1998; Morishita et al., 2010）。

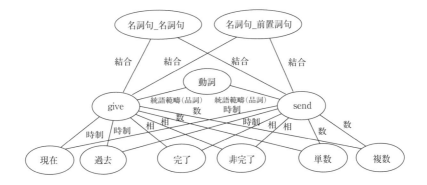

図 8　Pickering & Branigan (1998) による単語の統語情報表象モデル
(門田, 2012, p. 266)

　2.3 節で述べたように、日本人英語学習者は、動詞の下位範疇化情報をある程度知識として蓄えているにもかかわらず、英語母語話者のようにリアルタイムで統語構築に利用することができません。統語的プライミング効果は、処理済みの構文が無意識のうちに潜在学習された結果生じる現象（門田 2012, p. 266）です。教室内で、教師が文法的な知識を明示的に教え、学習者にその文法項目を意識的に使わせることに終始していては、学習者の統語処理が常に意識的なものになってしまう可能性があります。既に学習者のレキシコンに備わっている動詞の下位範疇化情報を、統語的プライミング現象により活性化させ、無意識のうちに使用させるトレーニングを繰り返し行うことで、学習者の「知っている知識」を、統語構築中にリアルタイムで「使える知識」に変容させる（門田, 2012; 中西, 2017）ことが教師には求められます。

■本章における学習の到達状況を確認しよう

到達目標	十分到達できた	一部到達できた	努力を要する
英語母語話者と日本人英語学習者の統語処理の特徴の違いを説明することができる	英語母語話者とは違い、学習者は、統語処理中に利用できる情報とそうでない情報があることを説明できる	英語母語話者も日本人英語学習者も、文法以外の情報であればすべて、統語処理に利用することができると考えている	英語母語話者も日本人英語学習者も、統語処理中に、文法以外の情報を利用することができないと考えている
学習者の統語処理を自動化させるための活動を考えることができる	統語的プライミング現象を活かして、ターゲットとなる構文を十分に音声提示した後に、学習者に発話を促すような活動を提案することができる	統語的プライミング現象について説明することはできるが、具体的にどのような活動をするかは提案できない	教師が学習者に、文法の説明を明示的に教えることが大切であると考えている

■理解を深めよう

The girl found in the room was beautiful. は、一時的な曖昧性が生じる文です。学習者にとって、この文の理解が難しいのはなぜでしょうか。また、どのように、この文を学習者に提示すれば、理解しやすくなるか考えてみましょう。

■図書案内

- Traxler, M. J. (2011). *Introduction to psycholinguistics: Understanding language science.* Wiley-Blackwell.
  言語習得・産出・理解の認知メカニズムについて解説がなされている。本章との関連では、第4章の Sentence Processing が参考になる。

- 門田修平（編著）(2003).『英語のメンタルレキシコン』松柏社.
  日本人英語学習者の英語の心的辞書について解説がなされている。本章との関連では、第8章の「言語理解とメンタルレキシコン」が参考になる。

第9章

オールイングリッシュ（学習言語）指導理論と方法

■この章で学ぶこと

　英語教師が担当科目を教えるときに、目標言語（target language）のみで授業を行うのか、あるいは多くの学生の母語（L1）である日本語で教えるのか、または両方の言語を使い分けながら使用するのかは、その教師の判断に委ねられていることが多いのが現代の日本の英語教育の現場です。また、"オールイングリッシュ"という言葉がよく使われますが、その定義は人によって様々です。本章では教師が英語を教える際に、どのように授業内で英語と日本語を使い分けて指導していけばよいのか、学習者たちの授業内言語使用についてのビリーフ（信念）を考慮しながら検討します。

■自己診断テスト（○か×をご記入ください）

1. 学習者は、オールイングリッシュ授業とは教師が100%英語で授業をすると考えている。　　　　　　　　　　　　　　　　　　　　　　　　[　　　]

2. 教師は、オールイングリッシュ授業とは100%英語で授業をすると考えている。　　　　　　　　　　　　　　　　　　　　　　　　　　[　　　]

3. 英語習熟度の高い学習者でなければ、オールイングリッシュ授業は苦痛である。　　　　　　　　　　　　　　　　　　　　　　　　　　[　　　]

1. オールイングリッシュ授業とは？

　日本で英語を学ぶという状況は English as a Foreign Language（EFL）の環境とよばれ、English as a Second Language（ESL）の環境とは区別して語られる必要があります。EFL 環境では授業の外で目標言語である英語を直接使用する機会が ESL 環境に比べ非常に少ないのが特徴です。ソーシャルメディアが発達した昨今では様々な形態のコミュニケーションツールの使用が可能になったので、それらを利用して英語に触れたり使用する機会が昔に比べると格段に増えました。それでも EFL 環境と ESL 環境では言語習得期の早い段階を含めるとかなり環境的に差があると言えます。そのような EFL 環境で、授業内言語使用は学習者に多くの影響を与えることが海外の研究でも報告されています（Scot & Fuente, 2008; Storch & Wigglesworth, 2003）。授業内で目標言語のみで学習を進めることは、ESL 環境内の教師や学習者にとっては自然なことでも EFL 環境での教師や学習者にとっては苦労が多いと言えます。

　現在の日本の英語教育における授業内英語使用の立場は、文部科学省の英語力の指導改善事業スタート実施時（2012b）に「授業は生徒の理解の程度に応じた英語を用いて行うことを基本とする」とあり、その後「グローバル化に対応した英語教育改革実施計画」（文部科学省，2013）においては、中学校でも英語による授業検討がされるなどの変遷が見られます。生徒の理解の程度に応じた英語を用いるという表現は、すなわち各教師の判断に委ねられている状況を示すものであり、その実践は様々だと言えます。それに加えて日本の英語教育では、“オールイングリッシュ”授業という表現がよく使われますが、これは和製英語で“English use only”と同じ意味ではありません。“English use only”ならば文字通りに英語のみを使用すると解釈できますが、オールイングリッシュと言うと、その言葉が英語として意味をなさないために、定義が曖昧で、人によっての解釈が幅広いものになっています。表 1 は「オールイングリッシュ授業の際にどの程度教師、ならびに自分自身に英語使用を期待しますか」という問いに対する大学生の回答結果です。このアンケートは、実際に英語のみで授業（100% 英語のみ、日本語使用なし）が行われる前に、あらかじめ大学生にそのイメージを質問しておいた結果です。

表1　オールイングリッシュ授業時における英語使用期待値

(Ueno, 2015, p. 66 を改変)

英語使用 (%)	教師に対しての期待値 回答数（人）	学生自身に対しての期待値 回答数（人）
100	15	7
90 ～ 99	17	13
80 ～ 89	7	15
70 ～ 79	5	4
60 ～ 69	0	4
50 ～ 59	0	0
less than 50	0	1

$N = 44$

　回答者の全体の人数が44名と少ないですが、それでも教師に対しては90~100％と回答した学生が3分の2以上いる一方で、学生自身に対しては、かなりばらつきが見られます。また、教師に対しても、英語のみの使用100％を期待している15名に対して、オールイングリッシュ授業時でも教師に日本語使用を期待している学生がクラス内に29名存在していることになり、オールイングリッシュ授業実践が教師にとって非常に難しいさじ加減を要求される授業運営であることがわかります。

　表1では教師に対して100％英語で授業を期待していたのは15名のみでしたから、自己診断テスト1「学習者は、オールイングリッシュ授業とは教師が100％英語で授業をすると考えている。」の答えは×です。オールイングリッシュ授業における英語使用についての期待には幅があり、けっして学習者全員が「オールイングリッシュ授業＝英語のみの授業」とは考えていない点について、教師は認識しておくことが重要です。

2.　理論的背景

2.1　L1 vs. L2

　授業を目標言語のみで教えるか否かという問題は、第2言語習得の領域で古くから議論されてきたテーマであり、現在もその議論は継続しています。

しかしながら、時代や地域によってその考え方や実践は遷り変わってきました。この章では簡単にその流れを学んでおきましょう。

1980年代以降、海外では多くの研究者たちが授業内での母語使用についてそのメリット、デメリットについて議論してきました（Atkinson, 1993; Cook, 2001; Duff & Polio, 1990; Hawkins, 1987; Isurin, 2007; Levine, 2003; Macaro, 1997; Polat, 2009; Tian & Macaro, 2012）。とりわけ Scott & Fuente（2008）は、「言語教師は学生にとって目標言語のインプットの主要な供給源であるため最大限に活用する必要があり、授業が成功するかどうかは外国語を教える教師が目標言語で授業全体を行えるかどうかという点にかかっていることが多い」（p. 100）と述べています。Cook（2001）によれば、L1 使用については2つのグループがあり、"ban the L1 from the classroom"（授業内 L1 使用禁止）と"minimize the L1 in the classroom,"（教室での L1 使用は最小限にとどめる）(p. 400) の2つがこの時期の主流の考え方であり、L1 使用というのは教育に活かすものではなく、第2言語（L2）の脇におかれる存在として捉えられていました。また、「このアンチ L1 的な姿勢は20世紀の言語教育方法論の主流であったことは明らかであった」(p. 405) とも述べています。

しかしながらこのような L1 を避ける傾向は、次第に体系的な L1 の使用へと移行していきます。1990年代初頭から、教室での L1 の使用に関する研究が盛んに行われるようになったこともあり、次の段階として L1 を積極的・体系的に言語教育の中に取り入れる試みが始まりました。たとえば、Duff & Polio（1990）は、大学の教室において、教師による L1 と L2 の使用率、L1 と L2 の使用に関連する要因、教師と生徒の L1 使用に対する認識と態度を調査しました。その結果、学習者は外国語授業での L1 使用については肯定的な考えをもっており満足している一方で、教師については L1 を授業内で使用することに肯定的、否定的それぞれの理由が見られたことが報告されています。他にも Macaro（2001）は教育実習生を対象に L1 と L2 の授業内使用を量的・質的な方法で調査しました。教育実習生にあらかじめ自分がどのような立場から授業内で L1 を使用するかを設定させ、授業後に振り返りをすることで L1 使用に影響を与える要因を探求しました。このように L1 を使用することに徐々に寛容になっていく状況のなか、Cook（2001）は、L1 は意図的かつ

体系的に使用することができると結論づけています。

　一方、日本の英語教育における L1 使用についてはどのような研究がなされてきたのでしょうか。日本の英語教育を考えるうえで 1 つの重要な分岐点と言えるのが 1980 年代です。この頃、Japan Exchange & Teaching Program（JET）が開始され、海外から多くの Assistant Language Teacher（ALT）が招聘され、各自治体や公立学校に派遣されました。それまで日本語での英語授業が行われていた教育現場に、ネイティブが英語で教える授業が徐々に導入されました。また、同時期に普及したグローバル化の目標を掲げた Communicative Language Teaching（CLT）によって、コミュニケーションを主軸とする授業へと方向転換を促され、現在提唱されている「英語で授業」を行う流れはここから始まったとも言えます。この変化を受け入れることは、現場の教師にとって大変挑戦的なものだったでしょう。

　このような背景のなか日本で行われた、授業内での L1 ならびに L2 使用についての研究では、Carson & Kashihara（2012）が大学の 1・2 年生 305 名を対象に行った調査で英語習熟度の低い学生は指示の際に L1 のサポートを必要としていることを報告しており、Yamamoto-Wilson（1997）は L1 を阻害要因として扱うのではなく、学習を効果的に促進するために使用されるべきだと示唆する研究報告を行っています。他にも日本の英語教育での L1 使用についての知見を得られる研究はいくつかあります（Critcheley, 1999; Ford, 2009; Meyer, 2008; Nishino, 2008; Ozaki, 2011）。これらの研究は、オールイングリッシュ授業における教師や学生の授業内言語使用についての考えには言及していませんでしたので、次の節ではその点を詳しく見ていきましょう。

2.2　授業内言語使用に対する教師と学習者のビリーフ（信念）

　この節では日本語母語話者の英語教師と学習者のオールイングリッシュ授業に対する言語使用についてビリーフの観点から調査報告された研究をもとに話を進めていきます。まず、皆さんはビリーフというとどんなイメージをもっていますか？ここではアカデミックな第 2 言語習得領域におけるビリーフとして、教育学者 Pajares（1992）の定義を以下に示しておきます。

Beliefs are formed early and tend to self-perpetuate, persevering even against contradictions caused by reason, time, schooling, or experience.　　(p. 324)

これはすなわち、ビリーフとは幼い頃から形成され、尽きることがなく広がり、理性・時間・学校教育・経験による矛盾にも耐えうるものだということです。一人ひとりのビリーフは様々ですが、授業内言語使用という特定のテーマについてのビリーフを調べることによって、ある一定の傾向を読み取ることができます。Ueno (2018) は、言語学習においては認知と情緒が複雑に絡み合っているという視点から、EFL 環境における日本人大学英語教師と大学生のビリーフの特徴を調査し、授業内英語使用の実践がどのように相互のビリーフと関連しているかを研究報告しました。その研究では、日本人英語教師 54 名、大学生 234 名に対して Beliefs About Language Learning Inventory (BALLI) (Horwitz, 1985) を用いて量的調査によるビリーフ分析を行い、その後インタビューやリアクションペーパーなどの質的分析を行いました。その結果から、この研究対象になった大学生はオールイングリッシュ授業について概ね肯定的なビリーフを形成していましたが、それは授業内での英語使用は主に教師によるものと考えており、自分たち自身の積極的な英語使用を想定しているわけではないということがわかりました。一方教師のビリーフは、むしろ授業内での母語使用の必要性を強く示しており、この研究報告の参加者である大学生と教師は相反するビリーフをもっていることがわかりました (図 1 参照)。また、学習者のビリーフはいったん形成されても比較的変化しやすく、不安定ですが、教師のビリーフは非常に固定化したものであることが質的調査の結果からわかりました。この研究報告は、同じ授業に参加する教師と学習者の授業内言語使用に関するビリーフの違いを認識し、そのことを前提に教師は授業実践を行う必要があることを教育的示唆としています。ビリーフは各自様々です。学習者の中には過去に経験した不安感から授業内英語使用について否定的なビリーフを形成している学生もいました。

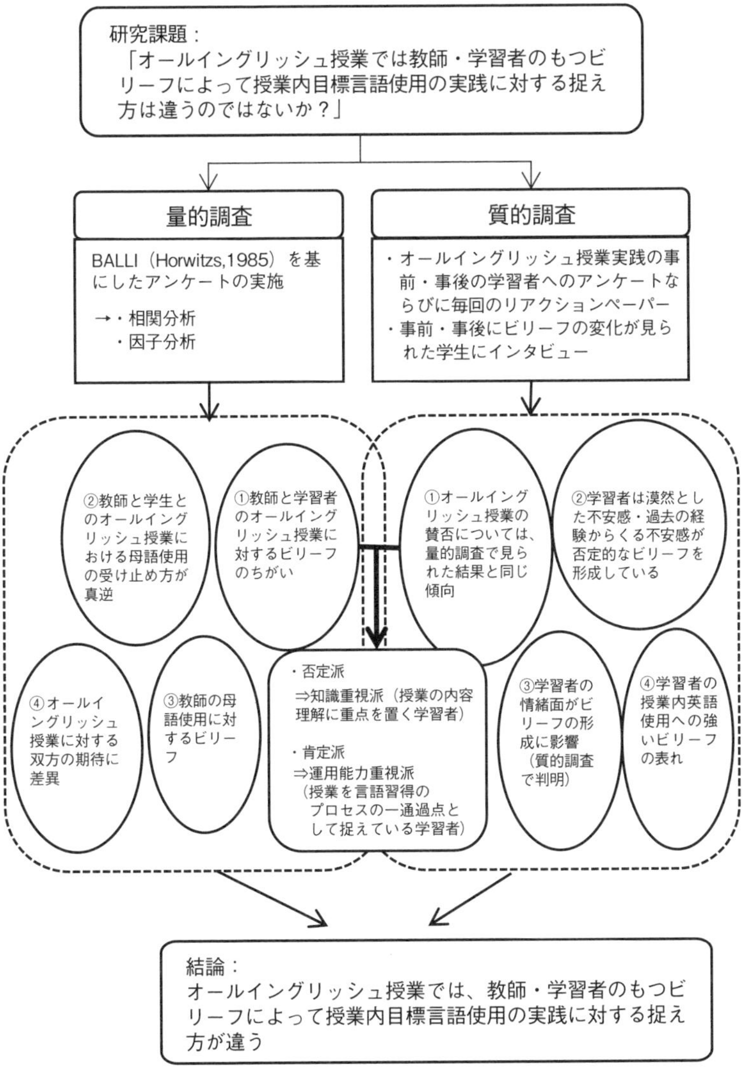

研究課題：
　「オールイングリッシュ授業では教師・学習者のもつビ
　リーフによって授業内目標言語使用の実践に対する捉え
　方は違うのではないか？」

量的調査

BALLI（Horwitzs,1985）を基
にしたアンケートの実施

　→・相関分析
　　・因子分析

質的調査

・オールイングリッシュ授業実践の事
　前・事後の学習者へのアンケートなら
　びに毎回のリアクションペーパー
・事前・事後にビリーフの変化が見ら
　れた学生にインタビュー

②教師と学生と
のオールイング
リッシュ授業に
おける母語使用
の受け止め方が
真逆

①教師と学習者
のオールイング
リッシュ授業に
対するビリーフ
のちがい

①オールイング
リッシュ授業の
賛否については、
量的調査で見ら
れた結果と同じ
傾向

②学習者は漠然とし
た不安感・過去の経
験からくる不安感が
否定的なビリーフを
形成している

④オールイ
ングリッシュ
授業に対する
双方の期待に
差異

③教師の母
語使用に対
するビリー
フ

・否定派
⇒知識重視派（授業の内容
理解に重点を置く学習者）

・肯定派
⇒運用能力重視派
（授業を言語習得の
プロセスの一通過点と
して捉えている学習者）

③学習者の
情緒面がビ
リーフの形
成に影響
（質的調査
で判明）

④学習者の
授業内英語
使用への強
いビリーフ
の表れ

結論：
　オールイングリッシュ授業では、教師・学習者のもつビ
　リーフによって授業内目標言語使用の実践に対する捉え
　方が違う

図1　大学生と教師の授業内英語使用に関する調査結果まとめ
(Ueno, 2018, p. 76 を和訳版に改変)

　学習過程の中で目標言語をアウトプットすることは、すなわち多くの誤りもアウトプットすることになるからです。また、この研究調査では、学習者が日本人英語教師に対して心情的な理解やサポートを求めていることがわかりました。SNS による日常生活での発信や受信が増えた現代社会では、日本語による通常のコミュニケーションにおいても注意深さが求められます。授業内での英語でのアウトプットであれば、なおさら学習者は注意深くなり、誤りを気にして発話をためらいがちになります。学習者が英語でも安心して自分の意見が言えるように、教師は学習者の心理的な安心感が保てる授業を工夫する必要があると言えるでしょう。

　この節では、授業内言語使用についてビリーフという観点から考えてきましたが、ここで学んだ内容から、自己診断テスト 2「教師は、オールイングリッシュ授業とは 100% 英語で授業をすると考えている。」の答えは×だということがおわかりになったと思います。教師は、オールイングリッシュ授業でも母語使用の必要性を強く感じており、その実践においても日本語の使用は不可欠であると考える教師は少なくありません。それではどのようにこの両者間のビリーフの溝を埋めながら、授業を行っていけばよいのでしょうか。次の節では、オールイングリッシュ授業を発展させた授業スタイルについて詳しく言及します。

2.3　CLIL（内容言語統合型学習）における translanguaging（トランスランゲージング）

　ここまでオールイングリッシュ授業での英語使用・日本語使用について考えてきましたが、実はこの "オールイングリッシュ" という言葉も概念も少し古く感じられる時期がきているかもしれません。この本を読まれている皆さんは CLIL という教授法を聞いたことがおありでしょうか？ CLIL とは Content and Language Integrated Learning の略称です。文字通り、内容と学習言語を統合して学ぶ学習スタイルであり、言語は内容を理解するため、ならびにコミュニケーションのための手段として捉えられています。CLIL の特徴としては、Content（内容）、Cognition（思考）、Communication（言語）、Culture（文化・異文化理解等）の 4 つの C が挙げられますが（詳細は Coyle et al., 2010 を参照）、学習者は目標言語で主体的に学びながら内容理解を深めていきます。あくまで内容を学ぶことが目的ですから、その過程で意図的に母語使用を行うことを CLIL では translanguaging（トランスランゲージング）とよびます。たとえば、学習者が馴染みのないテーマについてクラスメイトとディスカッションをする際に、教師はあえて日本語の使用を促します。これは学習者に背景情報を母語で活性化・言語化させた後に、目標言語である英語での理解へと移行させることで、より深い学びを得ることを可能にするためです。あえて母語の介在を承認することで学習者は内容に集中することができ、自分の考えや知識を母語レベルで確認することで目標言語でのレベルも同じレベルにまで到達することができます。単に目標言語使用のための表層的な意見で終わらせず、学習者の発達段階に応じた内容の学びを得ながら、英語で意見を交わすことができるのです。

　このような translanguaging を CLIL では scaffolding（足場かけ）の 1 つとして積極的に奨励しています。CLIL は学術科目授業（English-Medium-Instruction: EMI）、すなわち専門科目を英語で学ぶ授業の前段階の授業でもあるので、言語のサポートとして他の scaffolding も行われます。内容理解のための語彙の提示や、authentic（真正）な視覚教材、わかりやすいタスクやプロジェクト活動の説明などを駆使しながら、学習者の言語的未熟さを補いつつ、内容をより深く理解できる工夫をしていきます。重要なことは、学習者が内容に対して理解を深めながら、言語力を高めることができる授業を行うことです。そのためには学習者がその授業の内容に興味をもち、楽しい・興味深いと感じていなければなりません。CLIL スタイルの授業では、内容に重きをおいていますので、学習者は英語で学ぶ楽しさを体感することができます。英語で得た知識や情報をさらに自分たちでリサーチすることで内容を深め、ディスカッションやプレゼンテーションでアウトプットしながら他者と交流をすることでより理解を深めていきます。これらのプロセスを授業内で体験することが CLIL の目標です。受動的なスタイルの授業ではなく、学習者自身が能動的に英語を使用しながら学んでいくスタイルですので、そこには多くの努力も必要としますが、同時に達成感も得られます。また、教師自身も学習者同様に授業準備や授業実践を楽しいと思えることが CLIL の魅力の 1 つと言えま

す。

　従来のオールイングリッシュ授業とよばれる授業では、自己診断テスト3「英語習熟度の高い学習者でなければ、オールイングリッシュ授業は苦痛である。」の答えは○となるかもしれませんが、CLIL スタイルのような授業であれば英語習熟度が低い学習者でも苦痛ではない授業が行われるので×となります。学習者は、授業の中で多くの言語的 scaffolding に助けられながら、自ら内容理解を深めていくので、たとえ英語習熟度が低くても英語で何かを学んでいる実感を得られます。その経験が学習者の motivation（動機づけ）を高め、授業での学びを苦痛ではなく、意味のあるものとします。

3.　オールイングリッシュを促進させるための学習・指導法とは？

　ここまで、EFL 環境で学ぶ日本人英語学習者にとっての授業内英語使用の重要性と、教師にとってのその実践の難しさを述べてきました。また、たとえオールイングリッシュ授業であっても、母語の意図的・意識的な活用は学習者の内容理解のための scaffolding となるため、肯定的に受けとめられる時代の流れについても触れました。各自のビリーフの違いによっても、授業内英語使用について学習者、教師の捉え方が違うことも示してきました。

　英語はコミュニケーションのためのツールであり、英語で自分の知識を増やし、自分の考えや意見を英語で表現することは、現代のグローバル社会においては自然な目標と言えるでしょう。日本の英語教育現場では、学習者がその目標を達成できる指導を行っていく必要があります。学習者の年齢によって内容は違いますが、この節ではオールイングリッシュ授業の実践例として、1つの指導案をご紹介します。トピックは最近小学校から大学まで英語の教材としてよく取り扱われる「持続可能な未来」についてですので、それぞれの学習者のレベルに合わせて応用できる素材です。

3.1　指導案サンプル

「SDGs: Sustainable Future」

【単元名】Energy【時間】100 分（大学での授業を想定）　【使用言語】英語

本時の目標

1）エネルギーに関する Renewable energy と Non-renewable energy につい
　て説明ができ、それぞれの利点と欠点を英語で話すことができるように
　なる。

2）エネルギー源について理解し、地球温暖化問題について自分の意見が言
　えるようになる。

導入（20 min.）

• 前回の Unit の Check Quiz を行う。

• Check Quiz の答え合わせをしながら前回の Unit の復習を行う。

• 本日の Unit：Energy についてどのようなエネルギー源があるかをペア
　ワークで書き出す（日本語可）。

• この Unit に関連する Vocabulary List（ハンドアウト）を見ながらペア
　で覚えたかどうかの確認を口頭で行う。"What does _____ mean in
　Japanese?" or "How do you say _____ in English?"
　＊毎回の授業のルーティンワークとして定着している活動

展開（60 min.）

• 教師が用意したスライドを見せる。**学生は日本語・英語どちらの言語で
　もいいのでメモをとる。**

• 教師はこのスライドからどのような情報・知識を得たかと学生に尋ねる。
　学生はペアで話し合い、意見をまとめる（Pair work）。

• Renewable energy と Non-renewable energy の提示。Renewable energy の
　ハンドアウト A か Non-renewable energy のハンドアウト B がランダムに
　配られる。

• **Task 1** Individual Work: Renewable energy と Non-renewable energy につ
　いての英文を読み、各自ハンドアウトの表に情報を入れていく。

• **Task 2** Group Work: 3 〜 4 人のグループで情報を共有し、表のすべての
　欄を埋める。

• 各グループの代表がクラスで発表をしていく。全員で答えを確認。

- Renewable energy・Non-renewable energy と地球温暖化関連についてのビデオを日本語の字幕付きで見せる。
- 同じビデオを今度は英語の字幕ありの状態で見せ、大事な箇所で止めて英語を復唱。ペアワークで覚えられるまで確認。
- 地球温暖化 (Global Warming) に関しての短い英文を読む。**Summary** を英語あるいは日本語で行う。

まとめ (**20 min.**)

本日の授業の中で自分が学んだことをメモ書きし、ペアワークで練習する。その際に下記のような表現をできるだけ使うように促す。

- In my view, ~ is the least effective.
- Similarly, ~ can be effective.
- ~was most effective. This is because ~
- Without a doubt, ~
- I strongly believe that ~
- It seems to me that ~

クラス全体でペアを変えながら多くの人と意見交換をする。

最後に教師が本日の授業の最初に見せたスライドをもう一度見せながら、授業のまとめを行う。

課題

本日学んだエネルギー源の説明と、地球温暖化についての自分の意見をA4 サイズの原稿 1 枚にまとめ、次回提出。

指導上の留意点

授業はすべて英語で行われますが、学生同士のコミュニケーションのなかで母語の使用が時折あってもかまわないことを学生に伝えます。この授業においては、まず内容理解に重点をおき、アウトプットの際、学生が母語で説明したいレベルにまで少しずつ英語表現を身につけていくよう、段階を経た授業構成が必要です。学生の英語の誤りは最終的に課題の writing を

添削することで修正されますので、口頭でアウトプットする際は誤りを気
にせず英語を使ってコミュニケーションを行うことを楽しませます。

3.2　授業内学習言語使用を熟慮した指導方法

　前節（3.1）に示した指導案は 1 つのサンプルですが、太字で書かれている
箇所は学習者が日本語を使用するように意図的に指示したものです。他の箇
所でも、対象学習者の英語習熟度や年齢に応じて、母語を意図的に使用する
場面を増やすことも可能です。日本語でも英語でもどちらを使用してもかま
わないという柔軟な姿勢が教師側にあることで、学習者は本当に自分が感じ
ている考えを言語化しようとします。自分の現在の英語力で伝えられる表層
的な内容のみでなく、授業で学んでいる内容を自分の母語でも理解し、深め
てから、それを英語で伝えるというプロセスで言語を使用するので、産出さ
れる英文は学習者にとって本当に伝えたい内容になります。自分が産出した
言葉が他者に理解され、他者と積極的な意見の交流ができたとき、言語学習
者は喜びや達成感を感じます。この肯定的な体験の積み重ねこそが言語学習
者にとって学びを継続していくための原動力であり、教師は授業内で学習者
にこのような体験を与えることを目標とできれば、教師自身も教えることが
楽しくなるでしょう。

　オールイングリッシュ授業において重要なことは、教師が教えたいことを一
方的に英語で伝えるのではなく、学習者が自発的に英語を使用して学びを深め
る場が作られているか、そのファシリテーションが非常に重要です。オールイ
ングリッシュ授業を行う際には、基本的には教師自身の使用言語は英語とし、
母語を使用しなくても学習者が理解できるような教材、たとえば語彙リストな
どのハンドアウト、スライドや動画などを事前に準備しておきます。これらの
教材内には学習者の習熟度に応じて scaffolding として母語の使用も可能です。
教材を使って学習者は内容を理解し、英語表現を身につけ、誤りを恐れること
なく英語でのアウトプットを繰り返すことで内容・言語両方の学びを深めてい
きます。教師は学習者一人ひとりのビリーフの違いも考慮し、けっして教師自
身のビリーフを押しつけるのではなく、学習者のビリーフを尊重しながら学習
者の授業内での英語使用の配分を調整していきましょう。

■本章における学習の到達状況を確認しよう

到達目標	十分到達できた	一部到達できた	努力を要する
オールイングリッシュ授業内での言語使用について説明することができる	教師・学習者ともに授業内言語使用についてのビリーフが違うので、基本的に教師は英語使用、学習者は意図的な場面では母語使用もかまわない	それぞれ考え方が違うので、オールイングリッシュ授業内でも日本語・英語どちらを使用してもかまわない	オールイングリッシュ授業なのだから、絶対に英語しか使用してはいけない
オールイングリッシュ授業を教師として行える	オールイングリッシュ授業のための指導案や教材を考案でき、英語・日本語を意識的に使い分けて指導ができる	オールイングリッシュ授業のための指導案は考案できるが、英語のみを使用して指導ができない	オールイングリッシュ授業でのための指導案を考案することができず、英語のみを使用して指導もできない

■理解を深めよう

　サンプルで提示した指導案をもとに、あなたならどのように教えるか、カスタマイズしてみましょう。この指導案をどのように変更し、どんな教材を考案しますか？日本語を使用する箇所はどこが適切ですか？

■図書案内

・ **Rabbidge, M. (2019)**. *Translanguaging in EFL contexts: A call for chance.* **Routledge.**
　CLIL（内容言語統合型学習）における Translanguaging に関する書籍。本章との関連では、第3章の Beliefs, identity, and investment が言語教師の Belief とその実践について述べられており、特に参考になる。

・ **笹島茂 (2020).『教育としての CLIL：CLIL Pedagogy in Japan』三修社.**
　日本での CLIL 研究の第一人者であり、元東洋英和女学院大学教授によって書かれた著作。CLIL についての研究が体系的に示され、豊富な実践例が挙げられている。CLIL について初めて学ぶという人には特にお薦め。

第10章

4技能統合型の指導理論と方法

■この章で学ぶこと

　現行の学習指導要領（文部科学省, 2017ab, 2018）では、社会と連携・協働しながら実社会で活躍していくために必要になる資質や能力を育むための「主体的・対話的で深い学び」が求められています。この「主体的・対話的で深い学び」とはどういうものなのでしょうか。またそれは「技能統合」とどのように関係するのでしょうか。この章では、第2言語習得の理論に基づいた指導法を取り上げ、例を挙げながら見ていきます。

■自己診断テスト（〇か×をご記入ください）

1. コミュニケーション重視の授業では技能統合型の指導を行うことで、学習者は実際のコミュニケーションを疑似体験する。　　　　　　　　[　　　]

2. 目標言語を用いて課題を達成する「タスク中心の指導法（Task-Based Language Teaching: TBLT）」では、学習者に活動中に使用させたいターゲット表現・言語形式を提示し、前もって十分に練習させる。　　　[　　　]

3. 目標言語を使用した活動において学習者同士で作業を行っている間に生じる目標言語の誤りを訂正するかしないか、どのように訂正するかなど、様々な見解がある。　　　　　　　　　　　　　　　　　　　　　　[　　　]

1. なぜ4技能統合型の指導なのか？

　人工知能（Artificial Intelligence: AI）が躍進的な進化を遂げている今、これからの社会を創る子どもたちにはどのような力が必要となるのでしょうか。文部科学省は、予測困難な社会の変化に感性を働かせながら主体的に関わり、社会や人生をより良いものにする創り手となる力が必要（文部科学省, 2017ab）と述べています。そしてそのために「主体的・対話的で深い学び」の実現が求められるとしています。「主体的・対話的で深い学び」とは、子どもたちが学習内容を自分たちの人生や社会と結びつけて理解し、変化の時代を生き抜く資質・能力を獲得し、継続的に能動的に学ぶよう導く教育実践の普遍的な視点のことです（文部科学省, 2017ab, 2018）。すなわち、子どもたちが変化に対応できる応用力・適応力、問題解決能力を身につけ、AIに負けない表現力を伸ばすため、受動的ではなく能動的な学びができるような教育を目指しています（文部科学省, 2017ab, 2018）。

　我が国の英語教育は、英語によるコミュニケーション能力の育成を目標に掲げており、学習指導要領の改訂（小中学校平成29年告示、高等学校平成30年告示）に際し文部科学省は、コミュニケーションを意識した適切な取り組みや複数の技能を結びつけた言語活動が乏しいことなどを課題として挙げています（文部科学省, 2017ab, 2018）。その現状を踏まえ、文部科学省は「主体的・対話的で深い学び」の実現に向けアクティブ・ラーニング（能動的学習；Active Learning: AL）の視点に立脚した授業改善を推進しています（この対象は英語のみではなく教育全体ですが、以降英語に関して述べます）。ALでは、共働して「対話的」に学習することが重要な要素となります（文部科学省教育課程部会高等学校部会, 2016）。対話的な学びには必然的にコミュニケーションが生じます。また、実際のコミュニケーションは4技能のうち単一の技能で完結することはあまりないため、自然なコミュニケーションには技能の統合が必要といえます。学習者は技能統合型言語活動を通して実際のコミュニケーションの疑似体験をすることができます（高島, 2011）。したがって、コミュニケーション重視の授業において技能統合型の指導が求められるのです。自己診断テスト1「コミュニケーション重視の授業では技能統合型

の指導を行うことで、学習者は実際のコミュニケーションを疑似体験する。」
の答えは○です。

　コミュニケーション能力の育成を重視した指導法（Communicative Language
Teaching: CLT）は、Audio-Lingual Method（文型の反復練習やパタン練習な
どの習慣形成により言語を身につけさせるとする方法）に代わって、1970
年代頃から広く受け入れられるようになりました（Hinkel, 2010; Richards &
Rodgers, 2014; 高梨ほか, 2023）。その背景には、Hymes（1972）のコミュニ
ケーション能力の提唱があります。CLT の理念（コミュニケーションを重視
し、文法の正確さよりも意味のやりとりが重要視される）をもつ指導法とし
ては、目標言語によるインプットを重要視する Natural Approach（Krashen &
Terrel, 1983; cf. Input Hypothesis [Krashen, 1982]）、内容中心の指導法（Content-
Based Instruction）、タスク中心の指導法（TBLT）などが挙げられます（樋口ほ
か, 2017）。次の節では、第 2 言語習得の代表的な仮説を概観し、続く 3 節で
は技能の統合を伴う指導を紹介します。

2.　第 2 言語習得におけるインプット・アウトプット・インタラクションの役割

　本節では、第 2 言語（L2）を聞いたり、話したり、読んだり、書いたりす
る活動が第 2 言語習得においてどのような役割を果たすのか、についてイン
プット仮説（Input Hypothesis）、アウトプット仮説（Output Hypothesis）、イン
タラクション仮説（Interaction Hypothesis）を紹介し見ていきます。

　インプット仮説は、言語の習得（acquisition）は学習者が知らない単語や文
法項目がわずかに含まれる、学習者の現状のレベル（i: アイ）よりも少し上
（i+1［アイ・プラス・ワン］）の理解可能なインプット（comprehensible input）
に十分に触れたときにのみ起こるとしています（Krashen, 1982）。そのため、
L2 学習者に与えられるインプットは、母語話者同士の会話で用いられるもの
よりも単純化されたものになります。このような理解可能なインプットさえ
十分に学習者に与えられれば、アウトプットをしなくとも母語と同じように
言語を習得できると考えられていました。

　しかし、大量の理解可能なインプットのみでは、学習者の聴解力は母語話者と同じようなレベルに達するものの、文法的正確性・社会言語学的能力（相手や場面に応じて言葉遣いを変える能力）が母語話者のレベルに達しないことが、カナダのイマージョンプログラム（ほとんどすべての授業を学習者の母語ではなく L2 で学ぶプログラム）で報告されました。イマージョンプログラムにおいて、アウトプットの機会が少なかったことがその主な原因として挙げられており、Swain（1985）は、（理解可能なインプットだけではなく）相手にとって理解可能なアウトプット（comprehensible output）が外国語習得に重要な役割を果たすという、アウトプット仮説を提唱しました。L2 を聞いたり読んだりするインプット時は、学習者の注意は通常、意味内容に向きますが、話したり書いたりするアウトプット時には、言語形式に注意を向ける必要があります。単語の順番、主語と述語の対応関係、時制など、学習者は文法規則について意識的に考えるようになり、学習者の文法的な処理を促すことになると指摘しました。

　また、Long（1981, 1996）は、インプット仮説で提案されている簡略化されたインプットではなく、人とのやりとりの中で理解可能になったインプットが第 2 言語習得において重要であるというインタラクション仮説を提案しています。何らかの話題について対話する際は、お互いの意思疎通を図ることが必要となり、学習者が相手の発言内容がわからないときは、もう一度言ってもらったり（反復要求）、明確に言ってもらったり（明確化要求）することで相手の発話が修正されます。そのような意味交渉（negotiation of meaning）により、学習者にとって理解不可能であったインプットが、理解可能なインプットとなり、学習者の意味理解が促進されることが期待されます。さらに対話の場面では、当然、学習者にアウトプットの機会も与えられます。相手から反復要求や明確化要求を受けることで、学習者自身が発した誤った言語形式への気づきが促されるとともに、正しい言語形式に修正することが強要されます。

　このように言語習得が効率的に行われるためには、インプットのみならず、アウトプットが果たす役割も大きいことが指摘されています。そのアウトプットは、パターンプラクティスのような機械的な練習ではなく、相手との

意味交渉の中で生じるアウトプットが言語習得に重要な役割を果たすと考えられます。これらのことを踏まえ、次節以降、技能統合の指導法の例として TBLT を取り上げて見ていきます。

3.　TBLT

3.1　TBLT とは

　実際のコミュニケーションを疑似体験するために、技能統合型の活動が必要であることを第 1 節で述べました。学習者が目標言語を使用して（技能を統合し）能動的に学ぶ（AL）ことを実現させる活動の 1 つとして考えられるのが「タスク」であり、タスクを中心とした教授法が TBLT です。また前述の Krashen によるインプット仮説をベースとした Natural Approach（Krashen & Terrel, 1983）は、L2 の習得は学習者の意識が意味内容に向けられているときに偶発的に起こると仮定しており、TBLT も原理を同じくしています（Ellis et al., 2020）。TBLT は、CLT への動きと第 2 言語習得の初期の研究成果を基盤とし 1980 年代半ばから後期にかけて Long、Candlin、Breen らによって提案された後、Prabhu によって完成され、現在では世界中の多くの国で使われている教授法です（Ellis et al., 2020）。

3.2　タスクの定義と条件

　タスクの定義は年々増えています（Ellis et al., 2020）が、共通している点は「メッセージの授受が中心で完結する活動」という点です（高島, 2000, p. 34）。以下は多くあるタスクの定義の中で広く受け入れられているもの 1 つである Skehan（1998）による定義（高梨ほか, 2023）です。

> ... a task is an activity in which:
> - meaning is primary;
> - there is some communication problem to solve;
> - there is some sort of relationship to comparable real-world activities;
> - task completion has some priority;

   − the assessment of the task is in terms of outcome. （Skehan, 1998, p. 95）

　さらに、Skehan（1998）は、タスクを明確にするために、どのような場合タスクとならないのかを次のように述べています。

   ..., tasks:
   − do not give learners other people's meanings to regurgitate;
   − are not concerned with language display;
   − are not conformity-oriented;
   − are not practice-oriented;
   − do not embed language into materials so that specific structures can be focused upon. （Skehan, 1998, p. 95）

つまり、タスクは意味に重点がおかれており、目標言語でのコミュニケーションを通して目標を達成する活動です（Willis, 1996）。TBLT では特定の言語形式などの情報を事前に提示せずに学習者を活動に取り組ませます。したがって、自己診断テスト 2「目標言語を用いて課題を達成する「タスク中心の指導法（Task-Based Language Teaching: TBLT）」では、学習者に活動中に使用させたいターゲット表現・言語形式を提示し、前もって十分に練習させる。」の答えは×です。

3.3　タスクの種類

　タスクの種類も様々です。たとえば、Willis（1996）は、タスクをリスト化（Listing）、順位づけと分類（Ordering and sorting）、比較（Comparing）、問題解決（Problem solving）、経験の共有（Sharing personal experiences）、創作タスク（Creative tasks）の 6 タイプに分類しています（表 1 参照）。これらのタスクは、ほとんどのトピックに使うことができますが、単独使用だけでなく複数のタスクを組み合わせることもできます。技能統合の面では、すべてのタスクは speaking や reading 活動として行うことができ、タスクによっては writing 活動に発展させることができます。さらに、タスク後の活動として

プレゼンテーションなどを取り入れると、技能統合の活動がより一層充実します（Willis, 1996）。また、他の分類例では、Pica et al.（1993）は、コミュニケーションタスクをジグソー（Jigsaw）、情報ギャップ（Information gap）、問題解決（Problem-solving）、意思決定（Decision-making）、意見交換（Opinion exchange）の 5 つのタイプに分類しています（詳しくは Pica et al., 1993, pp. 18–23 を参照）。

表 1　Willis (1996) によるタスクの 6 タイプとその特徴

（Willis, 1996, pp. 26–27, 149–154 をもとに筆者作成）

タスク	特徴や方法など
リスト化 (Listing)	想像性に欠けると思われがちだが学習者が自分の考えを説明する過程で活発な発話を引き出すことができる
順位づけと分類 (Ordering and sorting)	時系列で並べる、何かの基準により並べる 分類の方法を考えたり、実際に分類したりする
比較 (Comparing)	共通点や相違点を見つけるために異なるものにおける類似した性質の情報を比較する
問題解決 (Problem solving)	知識や推理力を必要とする難しいタスクであるが、学習者は解決することに達成感を感じることも多い
経験の共有 (Sharing personal experiences)	学習者に自分自身や経験について自由に語る 教室外や日常的に行われる行為なので推奨されるべきタスク
創作タスク (Creative tasks)	授業外での調査を含むこともあり、「プロジェクト」とよばれることもある ペアやグループでの活動を含み、タスクの達成には組織力とチームワークが重要となる

　Willis（1996）や Pica et al.（1993）の分類は、学習者がタスクを遂行するにあたり求められる操作の観点からの分類といえます。別の分類方法として、タスク内容の特徴に焦点を当てた分類もあります（Ellis et al., 2020）。Ellis et al.（2020）は、たとえば以下のような分類を挙げています。

● Real-world（現実的）タスクと pedagogic（教育用）タスク
　現実性に焦点を当てた分類です。Real-world タスクは、状況に真正性

(authenticity) があるもので（例：ホテルの予約）、pedagogic タスクは真正性には欠けますが、インタラクションの点からは現実に起こるような自然な言語使用をもたらすタスク（例：写真描写タスク）です。

- Input-based タスクと output-based タスク

  目標達成のために目標言語を聞いたり読んだりした情報を理解してそれらを処理するのが input-based タスクです。一方、学習者がタスク達成のために話したり書いたりするタスクが output-based タスクです。タスクによっては、input-based と output-based タスク両方を用いることができるものもあります（松村, 2017）。

- Unfocused タスクと focused タスク（Ellis, 2003, 2009）

  Focused タスクは、学習者に特定の言語形式や表現の使用を方向づけ、表出（使用）させたり理解させたりするように意図して準備されたタスクです。ただし、その場合でも学習者にターゲットとなる言語形式や表現は明示的に提示しません。Focused タスクに対して unfocused タスクは、ターゲットとなる言語形式などを一切準備せず一般的なコミュニケーションで使用されるような言語使用を引き出すことを意図したタスクです（3.2 節、自己診断テスト 2 参照）。

3.4 TBLT の流れと留意点

　TBLT の進め方も複数ありますが、一般的に 3 つのフェーズで構成されます。ここでは TBLT の標準的なフォーマットとされている Willis (1996) のフレームワークを中心に紹介し詳しく見ていきます（図 1）。この Willis (1996) のフレームワークは、プレタスク（Pre-task）・タスクサイクル（Task cycle）・言語的側面への焦点化（Language focus）で構成されており、学習者同士のインタラクションを重要視した構成となっています。これらのうち、タスクサイクルは必須のフェーズです。タスクの活動形態は、クラス全体、グループ、ペアだけでなく、個々が取り組む形態など多様です（Ellis, 2009; Ellis et al., 2020）。

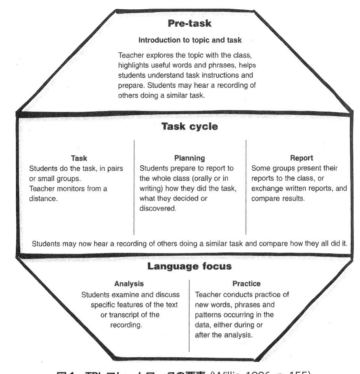

図 1　TBL フレームワークの要素 (Willis, 1996, p. 155)

① タスクの選定

　実際に使うタスクは、学習者が興味をもつような、また親しみやすい内容（トピック）を取り上げた教育用タスクがよいでしょう（Ellis et al., 2020）。Ellis et al.（2020）や Willis & Willis（2007）は、タスクの複雑さに影響する要素は無数に考えられることから（例：実施時間、準備の有無、タスクの計画）、最終的には指導者が自分のクラスに適したタスクを自らの経験と勘によって選定することを推奨しています。

② プレタスク：トピックとタスクの紹介

　TBL の中では最も短いステージで、学習者のトピックへの馴染みの程度やタスクのタイプによりますが 2 〜 20 分程度です。このステージの注意点は、

学習者がトピックを明確に理解した時点で教師からの追加の説明は与えずタスクに取り組ませる点です。プレタスクで大切なことは、新たな言語を大量に教えることや特定の文法構造を教えることではなく、タスクを遂行するときに学習者が自信をもてるよう、また必要なときには学習者に拠りどころとなるような情報を与えることです。

- ●トピックの紹介

  教師は学習者がトピックを明確に理解できるよう手助けをします。異なる文化背景をもつ学習者がいる場合には、トピックに対する観点が違う場合もあるので注意が必要です。

- ●タスクに必要な言語材料の導入

  教師は、学習者がタスクに従事している間と授業外の両方で役立つ語句やフレーズの想起や活性化の手助け、トピック関連の新たな語や主要な語の紹介をします。

- ●プレタスク言語活動

  タスクへの興味を喚起するためにプレタスク活動は全員を対象として行います。たとえば、Odd one out（仲間外れ探し）や Memory challenge（記憶ゲーム）などがあります。プレタスク言語活動は1回の授業では1つか2つ行えば十分です。まず、クラスの活動として始めて、その後グループもしくはペア活動として行うとスムースに進めることができます。

- ●タスクの指示と準備時間

  教師は学習者にタスクの説明（タスクに含まれるもの、時間、達成目標、成果物）をします。学習者がタスクに取り組みやすくする方法の1つは、たとえば数で示すなどのようにできる限り具体的にゴールを与えることです。その他にも、学習者に自分たちでタスクの説明を読ませる（読み合わせ）方法や教師がモデルを見せる方法、過去の録音や録画を見せる方法などもあります。

③ タスクサイクル：タスク・計画・報告

　学習者に目標言語を使い、また教師の手助けや報告の計画などを通して自分たちの言語を改善させる機会を提供します。

● タスク

学習者は、意味に重点をおき目標達成に向けてペアや小グループで活動します。教師は学習者自身でタスクに取り組めるよう一歩下がったところからモニターします。学習者がタスクの目標から逸れていないか、時間配分や第 1 言語 (L1) を使用していないか (あるいはどんなときに L1 を使用しているか)、などを確認して回り必要に応じて励ましたり声を掛けたりします。教師が手助けをするのは、発話が滞りコミュニケーションが成立していない場合のみです。

● 計画

学習者は、タスクで行ったことをクラス全体に口頭もしくは文面で報告する準備をします。このステージは、タスクサイクルの中では中心となる部分です。教師は、報告の目的と報告すべき内容や、発表の環境 (例：視覚題材を用いた口頭発表、発表時間、報告書の場合は文字数)、計画の取り組み時間などを具体的に伝えます。作業中は、教師は様子を見て回り学習者が表現したいことを表現できるよう必要に応じて言語的側面のアドバイザーを務めます。

● 報告

クラスに報告を発表したり、書いたレポートを交換したりして結果を比較します。各報告は 20 ～ 30 秒から 2 分程度です。人数やタスクによってペアで 1 つのレポートを作成し報告する、という方法もあります。ここで最も重要なことは、報告書は彼らの言語能力を最大限に駆使した結果と捉え励ますことです。報告に使用される言語に誤りや不自然な表現が含まれていても、進歩が見られた部分を見つけコメントしましょう。教師の肯定的な反応は、学習者の動機づけや自尊心を向上させ、さらには後の大きな進歩につながります。報告ステージでは教師は議長を務めます。

④　言語的側面への焦点化：分析と練習

タスクサイクルで使われた言語の特定の特徴について学習者に考えさせることを目的としたステージです。この過程があることで、学習者が授業の内外で同じ言語形式や特徴に遭遇したときに気づきを起こす助けとなります。

このステージは言語形式の明示的学習を行います。

● 分析活動

明示的に言語形式と用法にフォーカスした活動です。分析活動を始める際の主要な観点は、意味概念（テーマ、概念、機能）・単語または単語の一部・意味または用法の3カテゴリーです。タスクサイクルで実際に学習者が使用し、意味をよく知っている表現を取り上げます（例：「時」に関する語やフレーズを5つ見つける）。教師は例を挙げてみせ、活動の目的とターゲットが明確になったら学習者はペアや個人で分析を始めます。教師は、学習者の取り組みが順調に進んでいるか確認して回ります。分析の間、学習者がL1を使用することがありますが教師は目標言語を使用するようにします。分析活動が終わったら、カテゴリー分けをさせたり（例：動詞の -ing で終わるフレーズ）、一緒に使われることが多い語の組み合わせ（コロケーション）に注目させたりして結果をクラス全体で共有します。音韻に関する面（強勢や上がり / 下がり調子、チャンクなど）も分析対象にすることができます。分析活動は、一般的にテーマに関連した意味をもつ語やフレーズにフォーカスした活動から始めます。1回の授業全体では、3つか4つの活動を行えば十分です。

● 練習活動

原稿や分析活動などで既習の表現を練習することは、表現の定着と復習に効果的です。宿題にする、個人、ペアやグループ、チーム対抗、教師主導のクラス全体練習と様々な取り組み方ができます。活動例としては、繰り返し（repetition）、穴埋め（gapped examples; 役に立つフレーズを穴あきにして問題を作成し、問題を交換して解き合う）、リッスン＆コンプリート（listen and complete; 役に立つフレーズや文の前半や一部を言い、表現全部を言えた人が勝ち）などがあります。

3.5　評価と教師の役割

TBLT では言語能力を測って評価対象とするのではなく、タスクの遂行能力があるかどうかを評価対象とします。すなわち、ある特定の言語形式や表現の定着度を評価するのではないため、タスク達成までの使用言語の誤りな

どは評価対象とせず、タスクの達成を評価します（Ellis et al., 2020; Skehan, 1996）。

TBLT は目標言語の正確さ、複雑さ、流暢性の３つを教育的ゴールとしタスク達成に向けて学習者に目標言語を使用させます（Skehan, 1996）。しかし一般的に L2 学習者は、L2 使用時に配分できる注意資源が限られるため、たとえば流暢性を重視すると誤りが生じやすくなるという現象が起きます（第 6 章参照）。TBLT におけるコミュニケーション重視の活動中の言語の誤りへの対応についての考え方は研究者によって異なります。Willis（1996）は、言語の正確性への注意はタスクサイクルの報告のステージで学習者から自然に生じると主張しており、学習者がタスクに従事している間、教師は（手助けや誤りを訂正したいという衝動を抑え）ファシリテーターに徹するべきという立場を取っています（language focus の時の言及は許容）。一方、Long（1991）は、学習者への言語形式への注意喚起を focus on form（FonF）と名づけ、TBLT の全ステージを通して訂正的フィードバック（例：明示的説明、リキャスト；詳しくは Nassaji & Kartchava（2017））に肯定的で、Skehan（1998）は主にプレタスクで、Ellis（2003）は、どのステージでも行うべきと述べています。

以上より、自己診断テスト 3「目標言語を使用した活動において学習者同士で作業を行っている間に生じる目標言語の誤りを訂正するかしないか、どのように訂正するかなど、様々な見解がある。」の答えは○です。今後の特に日本の English as a Foreign Language（EFL）環境における研究に期待します。

3.6　TBLT の指導

TBLT は外国で提案された教授法です。したがって、EFL 環境にある日本で TBLT を実施するには必要に応じて様々な工夫を加えることが望ましいという意見があります（松村, 2017; 高島, 2011）。また、様々な教育現場で TBLT を実施した後の評価では、以下のような点が TBLT 実行の困難な点として指摘されました。

　・teachers' misunderstanding about the nature of a 'task'
　・problems with oral use of the target language in the case of teachers for the

whom the target language was also an L2

· overuse of the L1 by the students when performing tasks

· difficulty in adjusting tasks to the students' level of proficiency

· difficulty in implementing tasks in large classes

· lack of task-based teaching resources and limited time for teachers to develop their own resources

· uncertainty about how grammar was to be handled in TBLT

· the need to prepare students for formal examinations

· lack of training in TBLT　　　　　　　　　　　（Ellis et al., 2020, p. 22）

上記を踏まえ、多くの場合英語との遭遇が限られている EFL 環境の日本人英語学習者を想定し、実施可能な TBLT の案を示したものが表 2 です。小学生でも目標達成できそうなリスト化を軸として学齢が上がるにつれて複合タスクにし難易度を上げた例です。現行の学習指導要領に基づいた検定教科書では、外国語活動の 3 年生で好きなものを言ったり尋ねたりする表現、4 年生では "favorite" という語や学校のいろいろな場所、6 年生で学校行事の語彙を学びます。外国語科（高学年）では「読む」「書く」を学習しますので、発表の方法もバリエーションをもたせることが可能になります。中学生以上は、既習事項や言語能力に応じて難易度を上げていくとよいでしょう。学習者に合わせてタスクの比重を変えることも効果的です。

　このようにして、EFL 環境でも小学校から英語に触れ、中学校・高等学校・大学でコミュニケーションを伴った技能統合型の TBL を重ねることは、文部科学省が挙げた課題（インタラクション、複数技能統合の学習の不足）の 1 つの解決策として期待できるのではないかと思われます。英語で社会的コミュニケーションができる日本人英語学習者の育成につながっていくことでしょう。

＜ TBLT の活動案：学齢ごとの案一覧＞

【トピック】好きなもの・ところ

学年に応じてターゲットを身近な題材から地域などへ広げる

例：小学生（学校で好きな場所・行事）、中学生（自分の地域で好きなところ）、
　　高校生（自分の住んでいる県で好きな（誇れる）点）、大学生（日本の好き
　　なところ）

表 2　TBLT 活動案

学年	タスクタイプ	備考
小学生 （中学年）	リスト化	発表は絵や写真を用いた口頭発表
小学生 （高学年）	リスト化	発表題材は、絵や写真に加え使用できる範囲で文字も使用
中学生	リスト化＋ 順位づけ・分類	リスト化した後に順位づけし、理由も含めクラスに報告する
高校生・ 大学生	リスト化＋ 順位づけ・分類＋ 問題解決	リスト化した後に順位づけや分類をし、さらに発展させるにはどうしたらよいかを検討 クラスに報告する

■本章における学習の到達状況を確認しよう

到達目標	十分到達できた	一部到達できた	努力を要する
技能統合型活動の意義（統合する理由、効果）を理解し、実社会でのコミュニケーションを疑似体験できる授業を展開できる	技能統合型活動の意義を明確に理解し、実社会でのコミュニケーションを疑似体験できる授業を展開できる	技能統合型活動の意義は理解しているが、実社会のコミュニケーションが疑似体験できる授業を展開できていない	技能統合型活動の意義を理解していない、あるいは実社会のコミュニケーションが疑似体験できる授業を展開できていない
TBLT の目的や手法を理解し、適切なタスクデザイン、指導（活動のモニター）、評価が行うことができる	TBLT の目的や手法を理解し、適切なタスクデザイン、指導、評価が行うことができる	TBLT の目的や手法を理解し、適切なタスクデザインはできるが指導、評価のいずれかに問題が残る	TBLT を理解できていないため、適切な活動が行えない

■理解を深めよう

TBLT の目的・ゴール、指導上の留意点を再確認し、比較的大人数のクラス用の活動を考えましょう。言語使用の達成感が残るように工夫しましょう。

■図書案内

Ellis, R., Skehan, R., Li, S., Shintani, N., & Lambert, C. (2020). *Task-based language teaching: Theory and practice.* **Cambridge University Press.**
TBLT について、背景、理論、教育面（シラバス、評価など）、近年の研究成果などが掲載されている。

Willis, J. (1996). *A framework for task-based learning.* **Longman.**
TBLT の具体的な進め方を例を挙げながらわかりやすく説明した本。図も多く使用してあり、視覚的にも理解がしやすい。

Nassaji, H., & Kartchava, E. (Eds.). (2017). *Corrective feedback in second language teaching and learning: Research, theory, applications, implication.* **Routledge.**
L2 学習・指導における訂正フィードバックの役割に関する研究成果と教授法を結ぶ本。教室指導で効果的フィードバックをコンパクトにまとめて紹介している。

第11章

第2言語習得を促進させる認知脳ネットワークと社会脳ネットワーク

■この章で学ぶこと

　外国語習得が生起するしくみとして、小柳 (2020, p. 106) を参考にしつつ、大きく「ワーキングメモリ (認知脳ネットワーク) ＋インタラクション (社会脳ネットワーク)」の2つのしくみがあることを学習します。その上で、後者の学習を支えるミラーシステムをもとに他者運動を取り込むプロジェクション (投射) の考え方について検討し、最後に社会脳インタラクション能力育成の最適な実践として、国際協同学習「にこP」について解説します。

■自己診断テスト (○か×をご記入ください)

1.　英語の語彙・文法についての顕在的・明示的知識を得ることで、英語習得はほぼ達成できる。　　　　　　　　　　　　　　　　　　　　　　　　　[　　　]

2.　インタラクティブなコミュニケーション力は、言語知識を自動化、手続き化して無意識のうちに使える以上の能力が必要である。　　　　　　　　[　　　]

3.　オンライン国際協同学習では、学習者の英語力の向上、また英語圏のコミュニケーションスタイルの習得という視点から、英語母語話者との交流をもつことが必須である。　　　　　　　　　　　　　　　　　　　　　　　[　　　]

1. 認知脳ネットワークによる第2言語習得

　本書第8章（文理解のメカニズムと学習・指導法）では、次のA mouse chased by a cat climbed a tree. といったガーデンパス文を例にして、このような文の処理や学習にワーキングメモリが必須であることが述べられています。すなわち、入力されたことばの情報は、ワーキングメモリ上でいったん保存され、長期記憶（long-term memory）とよばれる、「心の机の引き出し」に格納されている、様々な知識（音声・単語・文法など）に検索をかけ、検索情報をワーキングメモリ上に引き出すことで処理が行われます。このワーキングメモリを活用するためには、次の図1のCowan (1999) によるワーキングメモリモデル（working memory model）のように、注意の焦点（focus of attention: FA）に情報が入ることが必須です。そうしてはじめて学習対象として定着（インテイク）が行われるのです。いつも見聞きして馴化して（慣れて）しまったインプットなどは、ことさら注意を向けることがないので、したがってFAに入らない情報になります。

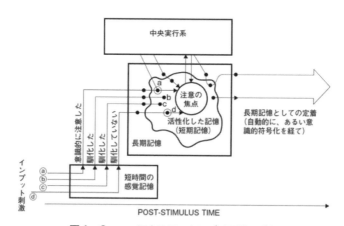

図1　Cowanによるワーキングメモリモデル
(Cowan, 1999, p. 64 をもとにやや簡略化して掲載)

　門田 (2018) および Kadota (2019) は、英語など第2言語の習得を成功に導くポイントとして「IPOM」、すなわち第2言語の「インプット処理（input

processing)」「プラクティス（practice）」「アウトプット産出（output production）」
「メタ認知的モニタリング（monitoring）」の 4 つのポイントを提唱しています。
その中の 1 つのプラクティスについて、母語である日本語とはかけ離れた、言
語間距離（linguistic distance）が非常に大きい言語である英語を学ぶ日本人学
習者には、インプット処理とアウトプット産出をつなぐ十分なプラクティスが、
極めて重要であると考えられます（門田, 2018; Kadota, 2019; 門田, 2020）。自己
診断テスト 1「英語の語彙・文法についての顕在的・明示的知識を得ることで、
英語習得はほぼ達成できる。」の答えは×です。

2.　社会脳ネットワークによる第 2 言語習得

　かつて、Pinker（1994）は、言語は人の本能として、生得的な普遍文法をも
とに脳内に構築されるという「言語本能（language instinct）」説を高らかに提
唱しました。これに対し、私たち人間に備わっているのは言語本能ではなく、
「相互交流本能（interactive instinct）」であり、言語は普遍文法をもとに発達す
るのではなく、社会的・文化的に人と人とのインタラクションの中で出現し、
獲得されるという考え方が台頭してきました。この考え方が、言語獲得は、
第 1 言語・第 2 言語を問わず実際の言語使用に基づいている（usage-based）と
いう、Tomasello（2003）による用法基盤アプローチです。近年大きく進展し
た脳神経科学は、外界の情報を認識・記憶する「認知脳（cognitive brain）」だ
けでなく、人と人とのネットワークを形づくる「社会脳（social brain）」の役
割が非常に重要であることを明らかにしています。用法基盤アプローチは、
この社会脳についての研究成果を土台に据え、情報獲得システムとして、私
たち人に備わった一般的なしくみとして「社会認知システム」を提案してい
ます（門田, 2018, Kadota, 2019, 門田, 2020）。

　Wilson & Sperber（2012）が挙げている次の対話例は、これまで発話がいか
に解釈されるかに関する言語学モデルである、関連性理論（relevance theory）
の枠組みで説明されることが多かったものです。

Peter: Do you want to go to the cinema?

Mary: I'm tired.

（Wilson & Sperber, 2012, p. 39）

ここでは、Mary は "yes-no" で答えていないものの、"I'm tired." という発話は、Peter の質問に対して何らかの関連性もったものであるはずだという上記理論の観点から推論し、"tired" と言うことが十分な断りの理由になるという解釈を引き出すことで、この対話が成立すると説明しています。

しかしながら他方、上記の Mary の発話は、"yes-no" を一切使わないでも、聞き手の共感を得つつ、社会脳インタラクションを推し進めて、対話が成立した例であると考えることもできます。すなわち、言語的メッセージ以外の、①メンタライジング（mentalizing）[1]、②顔表情・視線の知覚と共同注意（joint attention）[2] の形成、③ミラーリング（mirroring）[3] という、3 種類の社会脳インタラクションの結果であると捉えることも可能です（門田, 2023）。

①メンタライジングをもとにした認知的共感：

他者視点の取得ができ、「ああ、Mary は昨日遅くまで残業をしていたな」と相手の現在の状態を推測するメンタライジングによる共感です。

②顔表情・視線の知覚と共同注意の形成：

自分に嘘をついて別の人と食事に行こうと思っているわけではないし、ましてや冗談で言っているわけでもないという Mary の真意を読み取り、さらに、一緒に遅くまで仕事をしてやはり疲れた様子で椅子に腰掛けている同僚が隣にいたら、発話と同時にそちらに Peter の視線を誘導して、同僚への共同注意を形成して、自分も同じなのよと訴える、そんなインタラクションも可能です。

③ミラーリングによる情動的共感：

Mary の "I'm tired." という発話とその際の様子を、Peter がミラーシステムにより脳内に再現（シミュレーション）することで、深いレベルの情動的共感

1　他者になったつもりでその人がどう考えているかを推測する能力。「心の理論」ともよぶ。

2　他者の顔表情や視線の読み取りに基づいて、相手と自身が見ている対象を共有して 3 項関係を確立すること。

3　主に視覚的に受け取った他者の運動を、脳内で鏡のように再現して自ら体験するしくみ。他者行為を自身のことのように深く認識した結果、共感・模倣が生まれるもとになるもの。

が生まれます。その結果、聞き手も話し手と類似のタイミングで脳活動が生起する「神経同期（neural mirroring）」（Hasson, 2010 など）も生じるようになるのです。

　さらに、大学生を対象に、英語（外国語）および日本語（母語）でのインタビューを、①あらかじめ録画したビデオを再生して実施した場合と、②対面ではなく画面越しであっても双方向的なリアルタイム・インタラクションしつつ実施した場合で、受験者の脳活動がどう異なるか fMRI データを収集して検証した実験に、Jeong et al.（2011）があります。

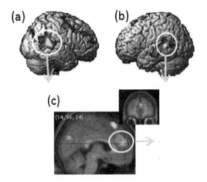

図 2　外国語でのインタビューにおいて、ビデオ再生よりも双方的インタラクションを含む場合にさらに活動した脳領域

（Jeong et al., 2011, p. 688 より一部抜粋）

その結果、①ビデオ再生による方法と比べて、②インタラクティブなインタビューでは、表情・視線の読み取りに関わる左右両側の後部上側頭溝（posterior superior temporal sulcus）＜図 2 (a)(b)＞、メンタライジング（心の理論）に関連する内側前頭前野（medial prefrontal cortex）＜図 2 (c)＞といった社会的コミュニケーションを支える領域が、日本語では特に差が見られなかったものの、英語では顕著に活動していることがわかりました。英語（外国語）におけるコミュニケーションで、表情や視線などを活用したメンタライジングなど非言語的な社会脳インタラクションが、母語よりもはるかに重要なポイントになり、第 2 言語のコミュニケーション能力の獲得に大きく影響す

る可能性を示唆する結果です。したがって、自己診断テスト 2「インタラクティブなコミュニケーション力は、言語知識を自動化、手続き化して無意識のうちに使える以上の能力が必要である。」の答えは○です。

　以上、これまでの議論をまとめると、第 2 言語習得が生起する場所として、これまでの研究の中心であった「ワーキングメモリ（認知脳ネットワーク）だけでなく、他者とのインタラクション（社会脳ネットワーク）」の 2 つがあることになります。

図 3　言語習得が起きる場所 (小柳, 2020, p. 106 をもとに改変)

門田 (2023) は、①メンタライジング、②顔表情・視線の知覚と共同注意、③ミラーシステムを活用した社会脳インタラクションの重要性を第 2 言語習得について詳しく検討した啓蒙書です。

3.　ミラーシステムをもとにしたプロジェクション（投射）

　上記社会脳インタラクションに基づく第 2 言語習得では、これまでも人の社会脳ネットワークを支えると考えられてきた、上記③ミラーシステムの活用が挙げられます (Rizzolatti & Sinigaglia, 2006)。このミラーシステムのしくみをさらに推し進め、近年にわかに脚光を浴びてきた領域に、プロジェクションサイエンスがあります。人のミラーシステムは、運動前野 (premotor area)、補足運動野 (supplementary motor area)、下頭頂小葉 (inferior parietal lobule)、下前頭回 (inferior frontal gyrus) にある運動関連領野の活動に支え

られ、他者の運動を観察したときに、自己運動の再現（シミュレーション）を
通じて知覚・理解されるものです（Ward, 2017）。このミラーリングの結果、
他者運動とパラレルに（並行して）自己運動を「プロジェクション（投射：
projection）」していると捉える理論が、近年になって台頭してきたのです。

　私たちが外界からの刺激を受け取ったときには「心的表象（mental
representation）」を形成することで知覚すると、これまで考えられてきました。
たとえば、ことばの知覚・理解に関連して、脳内で形成される言語の心的表
象としては、次のようなものがあります（門田, 2020, pp. 18–19）。

①単語や文字列の形態的イメージを心内で表したもの：
　形態表象（graphic representation）
②単語がどんなスペリングでできているかを表したもの：
　正書法表象（orthographic representation）
③単語の発音を音素の連なりで表したもの：
　音韻表象（phonological representation）
④単語などの意味や概念を表したもの：
　意味表象（semantic representation）、概念表象（conceptual representation）
⑤文の主語、動詞、目的語に当たる語がどれかなど文内の文法的・構造的関
　係を表したもの：統語表象（syntactic representation）

　以上のように、言語も含めて、外界からのインプットの「知覚・理解」は、
私たちの脳内に、「表象」を形成することで、達成されると考えてきたので
す。しかしながら、この「表象」形成には、次のような問題（難問）がある
と指摘されるようになりました（山口, 2020）。すなわち、①視知覚の成立が、
脳内（一次視覚野）で視覚表象を形成した結果だとすると、②それは頭の中に
見えるのではないかと考えられるが、しかし現実には、③外の世界に事物は
認知（定位）されます。これは聴知覚の場合も同様で、④なぜ音は脳内（一次
聴覚野）に聞こえず音源から聞こえるのか、という問題です。

　この難問に対して、プロジェクションサイエンスでは、次の図 4 のような
モデルを、従来の認識モデルと対比させる形で提示しています（鈴木, 2020;

嶋田, 2019)。

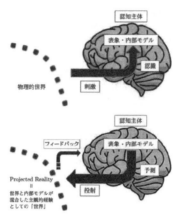

図4 従来の認識（上）と投射（プロジェクション）に基づく認識（下）
(嶋田, 2019, p. 164)

　すなわち、物理的な外界からの刺激（情報）を、認知主体である受け手が、心内で内部モデルとしての表象を形成することで認識するというのが従来の考え方です。これに対し、プロジェクションサイエンスでは、認識に際して人は、自身が既にもっている内部モデルを、外界のインプット刺激に投射することで、外部世界と内的な表象（内部モデル）が融合された「主観的経験としての世界」が構築され、これを認識していると考えるのです。そして、上述の難問を解決する投射のメカニズムを探求する学際的なアプローチとして、プロジェクションサイエンスを提案しています[4]。

　このようなプロジェクションによって構築された世界を認識した結果、そこからの誤ったフィードバックも受けてしまうという現象が指摘されています。これはしばしば「ラバーハンド錯覚（rubber hand illusion）」とよばれるもので、次のような実験によって確認されています。ゴム製の作り物の手（ラバーハンド）を用いて、実験協力者の目の前に置いたラバーハンドと、協力者の視界から隠して見えないようにした協力者の手を、実験者（測定者）が同

4　プロジェクションサイエンス研究会：https://www.projection-science.org/

時に絵筆で 10 分間刺激し続けます。そうすると、ラバーハンドを自身の手と錯覚してしまう現象が見られるのです（Botvinick & Cohen, 1998）。すなわち、図 5 の写真のような実験で、左奥にはラバーハンド（左手）、右奥には研究協力者の左手があり、その間を衝立（ついたて）で区切って見えなくし、そして、手前では実験者がラバーハンドと研究協力者の人差し指を絵筆で同時に刺激するのです。

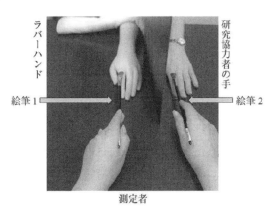

図 5　ラバーハンド錯覚の様子（上倉ほか, 2020, p. 261）

以上の手続きを経て、ラバーハンドへのプロジェクションが生じ、ラバーハンドを自身の手と錯覚した結果、ラバーハンドがまるで自身の手のように感じられ、その手を絵筆が触るとくすぐったいという感覚が生じるのです。これもプロジェクションの一種で、特に「バックプロジェクション（逆投射）」とよばれます。研究協力者によるラバーハンドへのプロジェクションだけでなく、ラバーハンドと協力者の手の間に一体感が確立され、ラバーハンドへの刺激が同時に自身の手への刺激になってしまうのです。事実、Shibuya et al.（2018）は、ラバーハンド映像をタブレット上に提示し、研究協力者に、上記のような絵筆を使ってラバーハンド錯覚を生じさせた実験を行い、その後ラバーハンドの指が大きく開くところを見せると、協力者の手は静止した状態のままであるのにもかかわらず、つられて実際に微妙にピクッと動いたり、筋肉運動（＝有意な筋電位活動）が現れたりしました。実際、このときの協力者の脳波を測定すると、ラバーハンド錯覚の結果、運動野の脳波が有意に活

動することが確認されています（嶋田, 2019）。

統合失調症（schizophrenia）という精神疾患をもつ患者は、幻覚や妄想を見たりして、「自身の思考や行動について自分で行っているという感覚が希薄で、自他の境界が曖昧となる」障がいを呈するとされます（上倉ほか, 2020, p. 257）。この統合失調症者は、自己の身体的所有感が損なわれやすいために、通常よりもラバーハンド錯覚が生じやすいことが報告されています（上倉ほか, 2020）。

以上、近年注目を浴びているプロジェクションについて解説しましたが、このしくみは明らかに、社会脳インタラクションの一環を担うミラーシステムが引き起こすプロセスであると言えます。事実、人のミラーシステムと、ラバーハンド錯覚によるプロジェクションに関わる脳領野は、共に前頭・頭頂の運動関連ネットワークの活動で、両者はほぼ一致していることが報告されています（嶋田, 2019, p. 267）。

私たちのミラーシステムに基づくプロジェクションのしくみは、社会脳インタラクションの重要な部分を占めていると考えることができるでしょう。今後の研究に大いに期待したいと思います。

4. 社会脳インタラクション能力を伸ばすオンライン国際協同学習実践

4.1 国際相互交流の種類

国際相互交流は、認知脳システムによる一人ひとりの個別学習では達成できない、これまで説明してきた社会脳インタラクションを活かした、第2言語コミュニケーション能力育成の最適の機会であると言えるでしょう。

一口に相互交流体験と言っても、ざっと考えて3つの要因に基づき、計6種類の方法があります。

要因1：リアルタイムかオンデマンドか：互いの交流を同時進行でリアルタイムで実施とするのか、時間差のあるオンデマンドでの交流にするのかという問題です。交流相手国の地理により、日本との時差の問題でオンデマンド型にせざるを得ない場合も想定されますが、社会脳インタラク

ション能力養成のための交流という観点からは、オンデマンドではなくリアルタイムが必須であることは言うまでもありません。

要因 2：現場で直接対面か画面越しのデジタル活用か：本章 2 節で考察しました社会脳インタラクションを具現化する 3 つのポイント（①メンタライジング、②顔表情・視線の知覚と共同注意、③ミラーリングによる共感）からは、直接対面による交流学習が望ましいことは間違いありません。しかし、必ずしもすべての学習者が国際相互交流のための海外研修に、参加できるわけではないことを考慮すると、オンラインでさらに多くの学習者に英語による相互交流の場を提供できる点は大切です。

要因 3：英語圏か非英語圏か：一般には、英語の学習には英語圏との相互交流が必須だという意見も根強いかと思います。しかしながら、日本の中高生などを念頭においた場合、英語圏在住の母語話者との交流を通じて、「英語をもっと勉強したいという意識を強くもつ」、「相手の言うことをより聞き取れるようになりたい」といった動機づけを育てるということにはつながっても、現実には英語によるインタラクティブなコミュニケーション能力の育成になかなか結びつかないと言えるでしょう。大学の高学年以上で、かなりの英語運用能力が既にあることが、英語圏との交流を成功裡に導く前提条件でしょう。熟達度が中級以下の場合、他者との活発な社会脳インタラクションを実現するには、英語が母語ではない非英語圏の学習者との交流のほうが効果的であると言えます。

　　事実、高田（2016, pp. 120–122）は、中学生を英語圏（カナダ：10 人）と非英語圏（タイ：20 人）に引率したときの体験を比較しています。カナダで英語の母語話者に囲まれて英語漬けになる異文化体験は貴重で、帰国の飛行機の中でも、「英語が通じなくてくやしかった。もっと勉強して上手になってもう一度行くとホストファミリーと約束した」など、動機づけの向上には効果があったものの、「ファミリーはいろいろ話しかけてくれたけど、ほとんど理解できず、Yes と No しか言えなくて…」とうなだれている学習者たちが多かったと報告しています。ところが、タイに引率したときは、タイの中学生の英語力は自分たちと変わらないことがわかると、「スシ、ユーライク?、

ミー、トゥー。オー、フレンド!!」などとブロークン・イングリッシュをものともせず、握手やハグも躊躇なしにはじめ、互いに基本的な英単語しか使わないために、日本の中学生はむしろ、極めてインタラクティブなコミュニケーションを達成したというのです。また、知らない語があるときは顔を寄せあって辞書をのぞき込んで、英単語を調べたりするなど、すっかりタイの生徒と大親友になっていたと述べています。このような交流だとブロークン・イングリッシュが定着するのではないかという心配も杞憂で、「お互いもっと英語を頑張って勉強し、次は正しい英語で、もっと深い話ができるようになろう」と約束しあったという具合に、外国語としての英語を一生懸命学んでいる非母語話者同士の交流のほうが、社会脳インタラクション能力の向上という観点からは、大いに効果的ではないかと考えられます。

4.2　オンライン型の国際相互交流

　Information and Communication Technology（ICT）の進歩により、動画を見ながらリアルタイムで国内外の相互交流が当たり前にできるようになりました。ZOOM など遠隔会議システム（オンライン TV 会議ツール）を利用して、海外の学校などと、英語で情報交換や質疑応答をしたりすることが互いの教室を結んでできるようになりました。その結果、対面でのインタラクティブ・コミュニケーションにほぼ匹敵するくらいの国際相互交流が、中・高・大の教室単位で、インターネットを駆使した形で実践され、その成果報告も増えてきています。

　本稿では、デジタルツールを活用したリアルタイム・オンライン交流実践の一例として、「ことばのまなび工房：日本語（に）を話さない高校生（こ）と話そうプロジェクト（P）（にこ P）」[5] について紹介しましょう。これは、高校生を対象に、海外と日本の学校のグループワークによる協同授業を中心にして、準備から振り返りまでを統括したプロジェクトで、2020 年秋から、インターネットにより日本の学校と台湾の学校をつないで、協同授業実践（internet face-to-face communication）が始められました（若林, 2021）。

5　https://kotoba-kobo.jp/ および https://kotoba-kobo.jp/nikop を参照。

　ここでは、2020 年に実施された、日本と台湾の学校間の 2 つの相互交流授業（市原中央高等学校と東港高級中学、日出学園高等学校と福誠高級中学）（若林ほか，2021）について記述します。「にこ P」では、実際に英語を使う際には、何か目的をもって使うことが多いということを念頭におきながら、日台の学校を結びつけた国際相互交流を実践しました。そして、1）導入、2）準備、3）実践、4）振り返りの 4 つに分けて、学習ステップを組みました。

《Part 1: 導入》
　①プログラムの目標を設定・共有する
《Part 2: 準備》
　②英語でのインタラクションのためのスキルの確認
　③ ZOOM などの操作方法の確認
　④交流で何を話題にして聞きたいか準備
《Part 3: 実践》
　⑤第 1 回授業：自己紹介と自身の学校の紹介
　⑥第 2 回授業：相手の国の高校生の間で何が人気か尋ねる
　⑦第 3 回授業：何になりたいかという将来の夢について語り合う
《Part 4: 振り返り》
　⑧ DiaLogBook の記録をもとに今後に向けて振り返りを実施

この実践では、テキストでのやりとりを記録するためのコミュニケーション・ツールとして、飯尾淳氏による DiaLogBook を使用して、「準備」から「振り返り」までのやりとりの分析を行いました。

Part 1（導入）：
　①まずは、共同授業の対象となる相手方の学校の先生と日本のプロジェクトのコーディネータが、スケジュールを調整し、交流プログラムの明確な目標を設定し、共有しあいます。

Part 2（準備）:

　②の準備では、協同授業実践で何を目標として設定しているかを参加者に
理解してもらいつつ、相互交流に必要な英語スキルを、ワークシート教材
をもとに、学習します。教材作成時には、過去の「にこP」実践で使用さ
れたサンプルも参照します。③では、DiaLogBook、ZOOM などの使い方
に習熟します。また④では、相手方の高校生の間で流行ってることや今後
の夢など、協同授業時に相手方に聞いてみたいことを準備します。

Part 3（実践）

　⑤⑥⑦これまでの準備を踏まえて、3 回の協同授業実践で、⑤自己紹介・
自校紹介、⑥相手の高校生のほうで今流行っていることが何か質問、⑦将
来の夢について互いに話し合って、ZOOM を使って交流します。発言は、
すべて DiaLogBook に記録されます。

　⑧上記の記録をもとに、メタ認知モニタリングによる振り返りを実施します。

振り返り：今後のさらなるステップに向けた活動としてメタ認知モニタリン
　　　　　グを実施しました。

　2020 年秋に実施された交流について、日本側の参加者たち（市原中央高等学
校、日出学園高等学校）の感想としては、"I enjoyed talking student in Taiwan."
"I want to enjoy talking more in the next session." などをはじめとして、楽し
めたという好意的なものが多かったようです。また、(a) Do you think your
talk was interesting to the members of your group? (b) Did you ask any good
questions in the group activities? (c) Did you enjoy the group activities? などの質
問に対しても、かなり楽しめたこと、今後もこのような企画を楽しみにして
いると答えているようです。

　このようなインタラクティブ・コミュニケーションを、日本人同士ではな
く、特に日本文化を共有していない他者と実行したときに、当然知っている
だろうと思っていたことを相手方が知らないと答えることがままあります。

その際、さらに英語を使って意思疎通を忍耐強く継続できるかどうか、インタラクティブ・コミュニケーションのポイントになると考えられます。さらにこのような英語による国際交流で、学習者がなぜ楽しいと思うのかについては、他でもなくクラス仲間と一緒に、学習者一人ひとりが、それぞれ外国語としての英語学習者として、相手国の高校生と楽しく、社会脳インタラクションを満喫することができたという満足感からだと言えるでしょう。以上のとおり、自己診断テスト 3「オンライン国際協同学習では、学習者の英語力の向上、また英語圏のコミュニケーションスタイルの習得という視点から、英語母語話者との交流をもつことが必須である。」の答えは×です。

　筆者（門田）はこれまでも、様々な著作の中で、「転移適切処理（transfer appropriate processing）」の重要性を力説してきました（門田, 2020, p. 137; 門田, 2014, pp. 238–239）。転移適切処理とは、ある事項を学習したときの状況と、学習成果のテストのときなど、その学習項目を（長期）記憶から検索するときの状況が類似している場合には、その事項の検索は容易に素早くできるという原則です。たとえば、英会話を学習したときの方法が、将来的に実際に英語を話す場面を想定して行い、それとの類似性が高ければ高いほど、学習時に覚えた語彙、表現などを長期記憶から取り出して活用するのが容易になります。要は、教室外で実際に他者とのインタラクティブ・コミュニケーションを行おうとして、発話に必要な語彙、表現などの検索をする際、この教室外の状況に類似した方法を学習時に、できるだけ教室内で再現しつつインタラクティブな形で実施しておけば、それだけ実際に必要なときに英語が口から出てきやすいということです。これは、英語など第 2 言語習得だけでなく様々な学習に当てはまる根本原則で、特に協同学習など社会脳インタラクションを育む学習における重要なポイントになると考えられます。

■本章における学習の到達状況を確認しよう

到達目標	十分到達できた	一部到達できた	努力を要する
ワーキングメモリを中核とする認知脳ネットワークによる第2言語習得の要点を説明することができる	ワーキングメモリを中核とする認知脳ネットワークによる第2言語習得の要点についてわかりやすく説明することができる	ワーキングメモリによる認知脳ネットワークによる学習のイメージは掴めるが、その中身について詳しく説明することはできない	認知脳ネットワークによる第2言語習得のしくみについて、その概要も中身の詳細も説明できない
社会的・文化的な他者とのインタラクションを通じて、社会脳ネットワークによる第2言語習得の要点を説明することができる	社会脳ネットワークに基づく第2言語が、①メンタライジング、②顔表情・視線の知覚による共同注意、③ミラーリングという3点をもとに実現されることを十分に説明できる	社会的・文化的インタラクションによる社会脳ネットワークによる学習のイメージは掴めるが、その中身について詳しく説明することはできない	社会脳ネットワークによる第2言語習得のしくみについて、その概要も中身の詳細も説明できない

■理解を深めよう

　会話では、社会認知システムに基づく、他者発話の意図の推測が行われます。自宅に電話がかかってきたときの次のような会話 (Widdowson, 1978, p. 29) から、A・Bの発話はそれぞれどのような意図をもっていると考えますか。下記の選択肢より選んで、《　　》内に記入し、そう考えた理由を簡単に記述しましょう。

A : That's the telephone.《　　》(理由：　　　　　　　　　　　)

B : I'm in the bath.《　　》(理由：　　　　　　　　　　)

A : O.K.《　　》(理由：　　　　　　　　)

> 選択肢：質問、命令、依頼、脅迫、断り、約束、承諾、予測

■図書案内

・ 苧阪直行・越野英哉 (2018).『社会脳ネットワーク入門：社会脳と認知脳ネットワークの協調と競合』新曜社.

脳の高次機能には社会の中で様々な問題の解決に向けて働く認知脳のしくみと、社会の中でうまく適応してゆく社会脳のしくみが共存していることを様々な実験データをもとに解説した良書である。

- **Blakemore, S. J.（2018）.** *Inventing ourselves: The secret life of the teenage brain.* **Black Swan.**
  ティーンエイジャーの脳の発達を扱った脳科学の入門書であるが、特に社会脳の発達について平易に解説している。外国語学習への応用を考える上で興味深い入門書である。

参照文献

Abe, M. (2020). The Perception of English Dental Fricatives by native Japanese Speakers: Considering the Effect of Order of Presentation, [Paper presentation]. Paper presented at J-SLA 2020, on-line conference.

Adams, M. J. (1990). *Beginning to read: Thinking and learning about print.* MIT Press.

Altman, G. T. M., & Steedman, M. (1988). Interaction with context during human sentence processing. *Cognition, 30,* 191–238.

Altman, G. T. M., Gernham, A., & Dennis, Y. (1992). Avoiding the garden path: Eye movements in context. *Journal of Memory & Language, 31,* 685–712.

Anderson, J. R. (1995). *Cognitive psychology and its implications* (4th ed.). Freeman.

Antoniou, M., Wong, P. C., & Wang, S. (2015). The effect of intensified language exposure on accommodating talker variability. *Journal of Speech, Language, and Hearing Research, 58*(3), 722–727.

Atkinson, D. (1993). *Teaching monolingual classes.* Longman.

Barcroft, J. (2015). *Lexical input processing and vocabulary learning.* John Benjamins.

Barcroft, J. (2020). Key issues in teaching single words. In S. Webb (Ed.), *The Routledge handbook of vocabulary studies* (pp. 479–492). Routledge.

Bergson, H. (1896). *Matière et mémoire : Essai sur la relation du corps à l'esprit.* Félix Alcan.

Biber, D., Conrad, S., & Cortes, V. (2004). If you look at ...: Lexical bundles in university teaching and textbooks. *Applied Linguistics, 25*(3), 371–405.

Biber, D., Jonansson, S., Leech, G., Conrad, S., & Finegan, E. (1999). *Longman grammar of spoken and written English.* Longman.

Bock, K. (1986). Syntactic persistence in language. *Cognitive Psychology, 18,* 355–387.

Botvinick, M., & Cohen, J. (1998). Rubber hands 'feel' touch that eyes see. *Nature, 391,* 756.

Bregman, A. S. (1990). *Auditory scene analysis: The perceptual organization of sound.* MIT press.

Bregman, M. R., & Creel, S. C. (2014). Gradient language dominance affects talker learning. *Cognition, 130,* 85–95.

Buerki, A. (2016). Formulaic sequences: A drop in the ocean of constructions or something more significant? *European Journal of English Studies, 10*(1), 15–34.

Bybee, J. (2010). *Language, usage and cognition.* Cambridge University Press.

Bygate, M. (1988). Units of oral expression and language learning in small group interaction. *Applied Linguistics, 9*(1), 59–82.

Carson, E., & Kashihara, H. (2012). Using the L1 in the L2 classroom: The students speak. *The Language Teacher, 36*(4), 41–48.

Chall, J. S. (1983). *Learning to read: The great debate.* McGraw-Hill.

Chad, D. J., & Dickson, S. V. (1999). Phonological awareness: Instructional and assessment guidelines. *Intervention in School and Clinic, 34*(5), 261–270.

Church, B. A., & Fisher, C. (1998). Long-term auditory word priming in preschoolers: Implicit memory support for language acquisition. *Journal of Memory and Language, 39*, 523–542.

Church, B. A., & Schacter, D. L. (1994). Perceptual specificity of auditory priming: Implicit memory for voice intonation and fundamental frequency. *Journal of Experimental Psychology: Learning, Memory, and Cognition, 20*, 521–533.

Ciompi, L. (1997). *Die emotionalen Grundlagen des Denkens: Entwurf einer fraktalen Affektlogik*. Vandenhoeck & Ruprecht.

Clahsen, H., & Felser, C. (2006). Grammatical processing in language learners. *Applied Psycholinguistics, 27*, 3–42.

Cook, V. J. (2001). Using the first language in the classroom. *The Canadian Modern Language Review,* 402–423.

Coulson, D. (2016). [Review of the book Lexical input processing and vocabulary learning, by J. Barcroft]. *System, 57*, 147–148.

Cowan, N. (1999). An embedded-processes model of working memory. In A. Miyake & P. Shah (Eds.), *Models of working memory: Mechanisms of active maintenance and executive control* (pp. 28–61). Cambridge University Press.

Cowan, N. (2001). The magical number 4 in short-term memory: A reconsideration of mental storage capacity. *Behavioral and Brain Sciences, 24*(1), 87–114.

Coyle, D., Hood, P., & Marsh, D. (2010). *CLIL: Content and language integrated learning*. Cambridge University Press.

Critchley, M. (1999). Bilingual support in English classes in Japan: A survey of student opinions of L1 use by foreign teachers. *The Language Teacher, 23*(9), 10–13.

Davis, A. K. (2015). *The interaction of language proficiency and talker variability in learning*. [Unpublished PhD dissertation]. University of Arizona.

Dirven, R. (2005). Major strands in cognitive linguistics. In M. S. P. Cervel & F. J. R. M. Ibáñez (Eds.), *Cognitive linguistics: Internal dynamics and interdisciplinary interaction: Vol. 32* (pp. 17–68). Walter de Gruyter.

Duff, P. A., & Polio, C. G. (1990). How much foreign language is there in the foreign language classroom? *The Modern Language Journal, 74*, 154–166.

Duffy, S. A., Morris, R. K., & Rayner, K. (1988). Lexical ambiguity and fixation times in reading. *Journal of Memory and Language, 27*, 429–446.

Ebbinghaus, H. (1885). *Über das Gedächtnis: Untersuchungen zur experimentellen Psychologie*. Duncker & Humblot.

Ellis, N. (2002). Frequency effects in language processing: A review with implications for theories of implicit and explicit language acquisition. *Studies in second language acquisition, 24*(2), 143–188.

Ellis, N. (2003). Constructions, chunking, and connectionism: The emergence of second language structure. In C. J. Doughty & M. H. Ling (Eds.), *The handbook of second language acquisition* (pp. 63–103). Blackwell.

Ellis, R. (2003). *Task-based language learning and teaching.* Oxford University Press.

Ellis, R. (2009). Task-based language teaching: Sorting out the misunderstandings. *International Journal of Applied Linguistics, 19*(3), 221–246.

Ellis, R., Skehan, R., Li, S., Shintani, N., & Lambert, C. (2020). *Task-based language teaching: Theory and practice.* Cambridge University Press.

Elston-Güttler, K. E., & Friederici, A. D. (2005). Native and L2 processing of homonyms in sentential context. *Journal of Memory and Language, 52*, 256–283.

Erickson, D., Suemitsu, A., Shibuya, Y., & Tiede, M. (2012). Metrical structure and production of English rhythm. *Phonetica, 69*, 180–190.

Erman, B., & Warren, B. (2000). The idiom principle and the open choice principle. *Text, 20*, 29–62.

Ethnoloque, 25th Ed. (2022). How many languages in the world are unwritten? https://www.ethnologue.com/IDA (The International Dislexia Association, Inc.). Definition of dyslexia. Definition of Dyslexia - International Dyslexia Association (dyslexiaida.org).

Ferreira, F. & Clifton, C. (1986). The independence of syntactic processing. *Journal of Memory and Language, 25*(3), 348–368.

Field, J. (2008). *Listening in the language classroom.* Cambridge University Press.

Field, J. (2019). Second language listening: Current ideas, current issues. In J. Schwieter & A. Benati (Eds.), *The Cambridge handbook of language learning* (pp. 283–319). Cambridge University Press.

Ford, K. (2009). Principles and practices of L1/L2 use in the Japanese University in EFL classroom. *JALT Journal, 31*(1), 63–80.

Frazier, L., & Rayner, K. (1982). Making and correcting errors during sentence comprehension: Eye movements in the analysis of structurally ambiguous sentences. *Cognitive Psychology, 14*, 178–210.

Garnsey, S. M., Tanenhaus, M. K., & Chapman, R. M. (1989). Evoked potentials and the study of sentence comprehension. *Journal of Psycholinguistic Research, 18*, 51–60.

Goh, C. C. M. (2000). A cognitive perspective on language learners' listening comprehension problems. *System, 28*(1), 55–75.

Goldberg, A. E. (1995). *Constructions: A construction grammar approach to argument structure.* University of Chicago Press.

Goldinger, S. D. (1996). Words and voices: Episodic traces in spoken word identification and recognition memory. *Journal of Experimental Psychology: Learning, Memory, and Cognition, 22*, 1166–1183.

Goldinger, S. D. (1998). Echoes of echoes? An episodic theory of lexical access. *Psychological Review, 105*(2), 251–279.

Gough, P., & Tunmer, W. (1986). Decoding, reading, and reading disability. *Remedial and Special Education, 7*, 6–10.

Hamada, Y. (2018). Shadowing for pronunciation development: Haptic-shadowing and IPA-shadowing, *The Journal of Asia TEFL, 15*(1), 167–183.

Hasson, U. (2010). I can make your brain look like mine. *Harvard Business Review, 88*(12), 32–33.

Hawkins, E.W. (1987). *Modern language in the curriculum.* Cambridge University Press.

Hill, J. (2000). Revising priorities. In M. Lewis (Ed.), *Teaching collocation: Further developments in the lexical approach* (pp. 47–69). Language Teaching Publications.

Hinkel, E. (2010). Integrating the four skills: Current and historical perspectives. *The Oxford handbook of applied linguistics* (2nd ed., pp. 110–123). Oxford University Press.

Hirai, A., & O'ki. T. (2011). Comprehensibility and naturalness of text-to-speech synthetic materials for EFL listeners. *JACET Journal, 53*, 1–17.

Hori, T. (2008). *Exploring shadowing as a method of English pronunciation training* [Unpublished doctoral dissertation]. The Graduate School of Language, Communication and Culture, Kwansei Gakuin University.

Horwitz, K. (1985). Using students' beliefs about language learning and teaching in the foreign language methods course. *Foreign Language Annals, 18*, 333–340.

Houston, D. M., & Jusczyk, P. W. (2000). The role of talker-specific information in word segmentation by infants. *Journal of Experimental Psychology: Human Perception and Performance, 26*(5), 1570–1582.

Hu, J., Zhang, W., Zhao, C., Ma, W., Lai, Y., & Yao, D. (2011). Non-native homonym Processing: An ERP measurement. *International Journal of Bioelectromagnetism, 13*(4), 207–211.

Hymes, D. H. (1972). On communicative competence. In J. B. Pride & J. Holmes (Eds.), *Sociolinguistics. Selected Readings* (pp. 269–293). Penguin.

International Dyslexia Association (Nov. 12, 2002). Definition of dyslexia adopted by the IDA Board of Directors.

Isobe, Y. (2011). Representation and processing of formulaic sequences in L2 mental lexicon: How do Japanese EFL learners process multi-word expressions? *JACET Kansai Journal, 13*, 38–49.

Isurin, L. (2007). Teachers' language: L1 attrition in Russian-English bilinguals. *The Modern Language Journal, 91*(3), 357–371.

Jeong, H., Hashizume, H., Sugiura, M., Sassa, Y., Yokoyama, S., Shiozaki, S., & Kawashima, R. (2011). Testing second language oral proficiency in direct and semidirect settings: A social-cognitive neuroscience perspective. *Language Learning, 61*(3), 675–699.

Jiang, N., & Nekrasova, T. M. (2007). The processing of formulaic sequences by second language speakers. *The Modern Language Journal, 91*(3), 433–445.

Just, M. A., & Carpenter, P. A. (1992). A capacity theory of comprehension: Individual differences in working memory. *Psychological Review, 99*(1), 122–149.

Kadota, S. (2019). *Shadowing as a practice in second language acquisition: Connecting inputs and outputs.* Routledge.

Kadota, S., Shiki, O., & Hase, N. (2015). *Developing the cognitively challenging 'CELP-Com Test'* [Paper presentation]. JACET Reading SIG International Forum.

Kadota, S., Kawasaki, M., Shiki, O., Hase, N., Nakano, Y., Noro, T., Nakanishi, H., & Kazai, K. (2015). The Effect of Shadowing on the Subvocal Rehearsal in L2 Reading: A Behavioral Experiment for Japanese EFL Learners. *Language Education and Technology, 52*, 163–177.

Kamenická, J. (2021). Apple Tree Model of Emotion-Involved Processing: Videos for emotions and foreign language learning. *Journal of Education Culture and Society, 12*(1), 103–116.

Kamide, Y., Altmann, G. M., & Haywood, S. L. (2003). The time-course of prediction in incremental sentence processing: Evidence from anticipatory eye movements. *Journal of Memory and language, 49*, 133–156.

Kanazawa, Y. (2016). Micro-level emotion as a factor of L2 vocabulary memory: The effect of lexical emotional valence on incidental recall performance. *Language Education & Technology, 53*, 23–52.

Kanazawa, Y. (2017). Emotion-Involved Semantic Processing and L2 vocabulary memory: A micro-level emotion manifesto. *Vocabulary Learning and Instruction, 6*(2), 23–30.

Kanazawa, Y. (2019). The fall of motivation, the rise of emotion: A philosophical insight to avoid the saturation of resembling concepts. In C. Danjo, I. Meddegama, D. O'Brien, J. Prudhoe, L. Walz, & R. Wicaksono (Eds.), *Taking risks in applied linguistics* (pp. 48–52). British Association for Applied Linguistics.

Kanazawa, Y. (2020a). Emotion as "deeper" than cognition: Theoretical underpinnings and multidisciplinary lignes de faits to the Emotion-Involved Processing Hypothesis (EIPH). *Kokusaigaku Kenkyu–Journal of International Studies, 9*(1), 185–206.

Kanazawa, Y. (2020b). Micro-level emotion in shallow/perceptual processing: Testing the Deep Positivity Hypothesis on the valence-dependent difference for LX incidental lexical memory. *Language Education & Technology, 57*, 1–30.

Kanazawa, Y. [@knzw783]. (2021, December 18). *#nonante - finding a somewhat familiar word on the music news about a newly released album and remembered my experience in Neuchâtel last year. It seems <<nonante>> is also a thing in français de Belgique!* [Post (Tweet)]. https://twitter.com/knzw783/status/1472102926718226432

Kanazawa, Y. (2022). *Monadic emotions, dyadic emotions, triadic emotions: The 1-2-3 emotion model* (*Peircean Kainopythagorean phaneroscopic model of emotion*) *and the fundamental questions to the emotion-involved processing hypothesis.* Advance.

Kanazawa, Y. (2023, May). *Challenger's Reading Circle: A deep active learning activity that fosters 21st century skills* [Paper presentation]. NATESOL Online Annual Conference

2023, the UK. (無料リソース：https://researchmap.jp/yu-kanazawa/CRC?lang=en)

Kandel, E. (2016). *Reductionism in Art and Brain Science*. Columbia University Press.

Kaschak, M. P., Loney, R. A., & Borreggine, K. L. (2006). Recent experience affects the strength of structural priming. *Cognition, 99*, B73–B82.

Kawasaki, M. (2013). A comparison of the decoding skills of children and adolescents: An examination of automaticity and error types. *Language Education & Technology, 50*, 1–21.

Kemmer, S., & Barlow, M. (2000). Introduction: A usage-based conception of language. In M. Barlow & S. Kemmer (Eds.), *Usage-based models of language* (pp. vii–xxviii). CSLI.

Kirsner, K., & Dunn, J. (1985). The perceptual record: A common factor in repetition priming and attribute retention? In M. I. Posner & O. S. M. Marin (Eds.), *Attention and performance XI* (pp. 547–565). Erlbaum.

Koffi, E. (2015). The pronunciation of voiceless TH in seven varieties of L2 Englishes: Focus on intelligibility. *Linguistic Portfolios, 4*, Article 2.

Krashen, S. D. (1982). *Principles and practice in second language acquisition*. Alemany Pr.

Krashen, S. D., & Terrel, T. D. (1983). *The natural approach: Language acquisition in the classroom*. Prentice Hall.

Krashen, S., & Mason, B. (2020, May). The optimal input hypothesis: Not all comprehensible input is of equal value. *CATESOL Newsletter*. http://beniko-mason.net/content/articles/2020-the-optimal-input-hypothesis.pdf

Kráľová, Z., Kamenická, J., & Tirpáková, A. (2022). Positive emotional stimuli in teaching foreign language vocabulary. *System, 104*, 102678.

Köhler, W. (1947). *Gestalt psychology: An introduction to new concepts in modern psychology*. Liveright.

Köhler, W. (1969). *The task of Gestalt psychology*. Princeton University Press.

Langacker, R. W. (1987). *Foundations of cognitive grammar, Vol. 1: Theoretical prerequisites*. Stanford University Press.

Langacker, R. W. (1991). *Foundations of cognitive grammar, Vol. 2: Descriptive application*. Stanford University Press.

Langacker, R. W. (1999). *Grammar and conceptualization*. Mouton de Gruyter.

Laufer, B., & Hulstijn, J. H. (2001). Incidental vocabulary acquisition in a second language: The construct of task-induced involvement. *Applied Linguistics, 22*(1), 1–26.

LeDoux, J. (2007). The amygdala. *Current Biology, 17*(20), R868–R874.

Lee, N., Mikesell, L., Joaquin, A. D. L., Mates, A. W., & Schumann, J. H. (2009). *The interactional instinct: The evolution and acquisition of language*. Oxford University Press.

Levelt, W. J. M. (1989). *Speaking: From intention to articulation*. MIT Press.

Levelt, W. J. M. (1993). The architecture of normal spoken language use. In G. Blanken et al. (Eds.), *Linguistic disorders and pathologies: An international handbook* (pp. 1–15). Mouton de Gruyter.

Levine, G. S. (2003). Student and instructor beliefs and attitudes about target language use, first language use, and anxiety: Report of a questionnaire study. *The Modern Language Journal, 87,* 343–364.

Liberman, A. M., Cooper, F. S., Shankweiler, D. P., & Studdert-Kennedy, M. (1967). Perception of the speech cord. *Phychological Review, 74,* 431–461.

Long, M. H. (1981). Input, interaction, and second-language acquisition. *Annals of the New York Academy of Sciences, 379,* 259–278.

Long, M. H. (1991). Focus on Form: A design feature in language teaching methodology. In K. De Bot, C. Kramsch, & R. Ginsberg (Eds.), *Foreign language research in cross-cultural perspectives* (pp. 30–52). John Benjamins.

Long, M. H. (1996). The role of the linguistic environment in second language acquisition. In W. Ritchie & T. K. Bhatia (Eds.), *Handbook of second language acquisition* (pp. 413–468). Academic Press.

Lotto, B. (2017). *Deviate: The science of seeing differently.* Hachette.

Love, T., Maas, E., & Swinney, D. (2003). The influence of language exposure on lexical and syntactic language processing. *Experimental Psychology, 50,* 204–216.

Lynch, T. & Mendelsohn, D. (2002). Listening. In N. Schmitt (Ed.), *An introduction to applied linguistics* (pp. 193–210). Arnold.

Macaro, E. (1997). *Target language, collaborative learning and autonomy.* Multilingual Matters.

Macaro, E. (2001). Analyzing student teacher's code-switching in foreign language classrooms: Theories and decision making. *The Modern Language Journal, 85,* 531–548.

Matsuda, N. (2013). Second-language speech processing: Auditory word priming in Japanese EFL learners and native English speakers. *Journal of the Japan Society for Speech Sciences, 14,* 43–62.

Matsuda, N. (2017a). Evidence of the effects of text-to-speech synthetic speech to improve second language learning, *JACET Journal, 61,* 149–164.

Matsuda, N. (2017b). Impact of talker variability on L2 word recognition among Japanese EFL learners, *Vocabulary Learning and Instruction, 6*(2), 8–22.

Matsushima, K., Shimizu, S., Kanazawa, Y., & Shirai, T. (2023). Philosophical dialogue in English education: P4C, CLIL, and P4ELT. *Japanese Journal of Philosophical Practice, 5,* 48–59.

McDonough, K., & Trofimovich, P. (2009). *Using priming methods in second language research.* Routledge.

McGurk, H., & MacDonald, J. (1976). Hearing lips and seeing voices. *Nature, 264,* 746–748.

Meyer, K. (2008). The pedagogical implications of L1 use in the L2 classroom. *Maebashi Kyoai Gakuen College Proceedings, 8,* 147–160.

Miki, K. (2012). How Japanese EFL learners access English homographic words: An analysis by a semantic relevance Judgment task. *JACET Journal, 55,* 19–29.

Miki, K. (2014). Japanese EFL learners' access to English homographic words: A psycholinguistic study using priming experiments. *Second Language, 13*, 19–37.

Miki, K. (2016). *Processing English homographs by Japanese learners of English as a foreign language: Toward modeling the interface between lexical access and sentence processing in second language reading* [unpublished doctoral dissertation]. The Graduate School of Language, Communication, and Culture, Kwansei Gakuin University.

Miki, K., Hase, N., Kadota, S., & Shiki, O. (2019). Reconsidering the challenges of two-stage computer-based English lexical processing test [Paper presentation]. FLEAT VII Conference. Tokyo.

Miller, G. A. (1956). The magical number seven, plus or minus two: Some limits on our capacity for processing information. *The Psychological Review, 63*(2), 81–97.

Miyake, S. (2009). Cognitive processes in phrase shadowing: Focusing on articulation rate and shadowing latency. *JACET Journal, 48*, 15–28.

Moon, R. (1997). Vocabulary connections: Multi-word items in English. In N. Schmitt & M. McCarthy (Eds.), *Vocabulary: Description, acquisition and pedagogy* (pp. 40–63). Cambridge University Press.

Mori, Y. (2011). Shadowing with oral reading: Effects of combined training on the improvement of Japanese EFL learners' prosody. *Language Education & Technology, 48*, 1–22.

Morishita, M., Satoi, H., & Yokokawa, H. (2010). Verb lexical representation of Japanese EFL learners: Syntactic priming during language production. *Journal of the Japan Society for Speech Sciences, 11*, 29–43.

Morishita, M., & Yokokawa, H. (2012). *The cumulative effects of syntactic priming in written sentence production by Japanese EFL learners*. American Association for Applied Linguistics, 2012, Boston, MA.

Murphey, T. (2001). Exploring conversational shadowing. *Language Teaching Research, 5*(2), 128–155.

Nakamura, C. (2012). The effect of prosodic boundary in understanding English sentences by Japanese EFL Learners. *Second Language, 11*, 47–58.

Nakamura, C., Arai, M., Hirose, Y., & Flynn, S. (2020). An extra cue is beneficial for native speakers but can be disruptive for second language learners: Integration of prosody and visual context in syntactic ambiguity resolution. *Frontiers in Psychology, 10*, 1–14.

Nakanishi, H., & Yokokawa, H. (2011). Determinant processing factors of recall performance in reading span tests: An empirical study of Japanese EFL learners. *JACET Journal, 53*, 93–108.

Nakanishi, H., Kajiura. M., & Kadota, S. (2023). English shadowing and proficiency: The effects of watching a model speaker's face while shadowing passages, American Association for Applied Linguistics 2023, Portland, Oregon.

Nakanishi, H. (2007). How L2 working memory capacity for Japanese EFL learners are related with processing of garden path sentences. *ARELE, 18*, 191–200.

Nakanishi, H. (2021). Using prosodic cues in syntactic processing: From the perspective of the English proficiency. *JASEC, 30*, 17–28.

Nakanishi, H. (2023). Effects of prosody shadowing on Japanese EFL learners' processing of object relative clauses in English. *Seinan Journal of Foreign Language Studies, 3*, 1–12.

Narumi, T., & Yokokawa, H. (2013). Proficiency and working memory effects on the use of animacy and morphosyntactic information in comprehending temporarily ambiguous sentences by Japanese EFL learners: An eye-tracking study. *Journal of the Japan Society for Speech Sciences, 14*, 19–42.

Nassaji, H., & Kartchava, E. (Eds.). (2017). *Corrective feedback in second language teaching and learning: Research, theory, applications, implication.* Routledge.

Nation, I. S. P. (2007). The four strands. *Innovation in Language Learning and Teaching, 1*(1), 1–12.

Nation, I. S. P. (2013). *Learning vocabulary in another language.* Cambridge University Press.

Nation, P. (2020). The different aspects of vocabulary knowledge. In S. Webb (Ed.), *The Routledge handbook of vocabulary studies* (pp. 15–29). Routledge.

Nation, I. S. P. (2022). *Learning vocabulary in another language* (3rd ed.). Cambridge University Press.

Nation, I. S. P., & Waring, R. (2020). *Teaching extensive reading in another language.* Routledge.

Nation, I. S. P., & Webb, S. (2011). *Researching and analyzing vocabulary.* Heinle.

National Reading Panel. (2000). *Teaching children to read: An evidence-based assessment of the scientific research literature on reading and its implications for reading instruction.* National Institute of Child and Human Development.

Nishimura, H. (2021). Assessing oral reading accuracy and speed in English as a foreign language: An empirical investigation of high-school students in Japan. *Human Welfare, 13*(1), 105–118.

Nishimura, H. (2023). A comparative analysis of the processing of contextual formulaic and nonformulaic sequences by adult and high school Japanese learners of English. *Bulletin of Research Institute, Shunan University, 1*, 91–102.

Nishino, T. (2008). Japanese secondary school teacher's beliefs and practices regarding communicative language teaching: An exploratory survey. *JALT Journal, 30*, 27–50.

Onifer, W., & Swinney, D. A. (1981). Accessing lexical ambiguity during sentence comprehension: Effects of frequency of meaning and contextual bias. *Memory and Cognition, 9*, 225–236.

Onwuegbuzie, A. J., Bailey, P., & Daley, C. E. (2000). The validation of three scales measuring anxiety at different stages of the foreign language learning process: The input anxiety scale, the processing anxiety scale, and the output anxiety scale. *Language Learning, 50*(1), 87–117.

Ortega, L. (2007). Meaningful L2 practice in foreign language classrooms: A cognitive-interactionist SLA perspective. In R. M. DeKeyser (Ed.), *Practice in second language: Perspectives from applied linguistics and cognitive psychology* (pp. 180–207). Cambridge University Press.

Ozaki, S. (2011). Teaching collocations effectively with the aid of L1. *The Language Teacher, 35*(3), 37–40.

Pajares, M. F. (1992). Teachers' beliefs and educational research: Cleaning up a messy construct. *Review of Educational Research, 62*(3), 307–332.

Pawley, A., & Syder, F. H. (1983). Two puzzles for linguistic theory: Nativelike selection and nativelike fluency. In J. C. Richards & R. W. Schmitt (Eds.), *Language and communication* (pp. 191–226). Longman.

Peirce, C. S. (1931). A guess at the riddle. In C. Hartshorne & P. Weiss (Eds.), *Collected papers of Charles Sanders Peirce* (Vols. 1–2; Paras. 1.354–1.416). Harvard University Press. (Original draft written 1887–1888)

Pica, T., Kanagy, R., & Falodun, J. (1993). Choosing and using communication tasks for second language instruction. In G. Crookes & S. Gass (Eds.), *Tasks and language learning: Integrating theory and practice* (pp. 9–34). Multilingual Matters.

Pickering, M. J., & Branigan, H. P. (1998). The representation of verbs: Evidence from syntactic priming in language production. *Journal of Memory and Language, 39*(4), 633–651.

Pinker, S. (1994). *The language instinct: The new science of language and mind.* Penguin Books.

Polat, N. (2009). Matches in beliefs between teachers and students, and success in L2 attainment: The Georgian example. *Foreign Language Annals, 42*, 229–249.

Rayner, K., & Frazier, L. (1989). Selection mechanisms in reading lexically ambiguous words. *Journal of Experimental Psychology, 15*, 779–790.

Read, J. (2000). Assessing vocabulary. Cambridge University Press.

Richards, J. C., & Rodgers, T. S. (2014). *Approaches and methods in language teaching* (3rd ed.). Cambridge University Press.

Rizzolatti, G., & Sinigaglia, C. (2006). *Mirrors in the brain: How our minds share actions and emotions.* Oxford University Press.

Roberts L., & Felser, C. (2011). Plausibility and recovery from garden paths in second language sentence processing. *Applied Psycholinguistics, 32*, 299–331.

Roediger, H. L., & McDermott, K. B. (1993). Implicit memory in normal human subjects. *Handbook of neuropsychology, 8*, 63–131.

Rost, M. (2016). *Teaching and researching listening* (3rd ed.). Routledge.

Rubin, E. (1958). Figure and ground. In D. C. Beardslee & M. Wertheimer (Eds.), *Readings in perception* (pp. 194–203). Van Nostrand.

Savignon, S. J. (2017). Communicative Competence. In J. I. Liontas, T. International Association, & M. DelliCarpini (Eds.), *The TESOL Encyclopedia of English Language*

Teaching (pp. 1–7). John Wiley & Sons, Inc.

Schacter, D. L., & Tulving, E. (1994). What are the memory systems of 1994? In D. L. Schacter & E. Tulving (Eds.), *Memory systems 1994* (pp. 1–38). The MIT Press.

Schmitt, N., & Carter, R. (2004). Formulaic sequences in action: An introduction. In N. Schmitt (Ed.), *Formulaic sequences: Acquisition, processing and use* (pp. 1–22). John Benjamins.

Schumann, J. H. (2010). Applied linguistics and the neurobiology of language. In R. B. Kaplan (Ed.), *The Oxford handbook of applied linguistics* (2nd ed., pp. 244–259). Oxford University Press.

Schütze, U. (2017). *Language learning and the brain: Lexical processing in second language acquisition*. Cambridge University Press.

Scott, V. M., & Fuente M. J. (2008). What's the Problem? L2 learners' Use of the L1 during Consciousness-Raising, Form-Focused Tasks. *The Modern Language Journal, 92*, 100–113.

Shibuya, S., Unenaka, S., Zama, T., Shimada, S., & Ohki, Y. (2018). Spontaneous imitative movements induced by an illusory embodied fake hand. *Neuropsychologia, 111*, 77–84.

Simpson, G. B. (1981). Meaning dominance and semantic context in the processing of lexical ambiguity. *Journal of Verbal Learning and Verbal Behavior, 20*, 120–136.

Simpson, G. B. (1984). Lexical ambiguity and its role in models of word recognition. *Psychological Bulletin, 96*, 316–340.

Sinclair, J. (2004). *Trust the text: Language, corpus and discourse*. Routledge.

Skehan, P. (1996). Second language acquisition research and task-based instruction. In Willis, J. & Willis, D. (Eds.), *Challenge and change in language teaching* (pp. 17–30). Heinemann.

Skehan, P. (1998). *A cognitive approach to language learning*. Oxford University Press.

Snowling, M. J. (2013). Early identification and interventions for dyslexia: A contemporary view. *Journal of Res Special Education Needs, 13*(1), 7–14.

Storch, N., & Wigglesworth, G. (2003). Is There a Role for the Use of the L1 in an L2 Setting? *TESOL Quarterly, 37*(4), 760–770.

Swain, M. (1985). Communicative competence: Some roles of comprehensible input and comprehensible output in its development. In S. M. Gass & C. G. Madden (Eds.), *Input in second language acquisition* (pp. 235–253). Rowley, MA: Newbury House.

Swinney, D. A. (1979). Lexical access during sentence comprehension: (Re)consideration of context effects. *Journal of Verbal Learning and Verbal Behavior, 18*, 545–569.

Talmy, L. (1975). Figure and ground in complex sentences. *Annual Meeting of the Berkeley Linguistics Society, 1*, 419–430.

Tian, L., Macaro, E. (2012). Comparing the effect of teacher code-switching with English-only explanations on the vocabulary acquisition of Chinese university students: A Lexical Focus-on Form study. *Language Teaching Research. 16*(3), 367–391.

Tomasello, M. (1999). *The cultural origins of human cognition.* Harvard University Press.

Tomasello, M. (2003). *Constructing a language: A usage-based theory of language acquisition.* Harvard University Press.

Tomasello, M. (2009). The usage-based theory of language acquisition. In E. L. Bavin (Ed.), *The Cambridge handbook of child language* (pp. 63–87). Cambridge University Press.

Trofimovich, P., & Gatbonton, E. (2006). Repetition and focus on form in processing L2 Spanish words: Implications for pronunciation instruction. *Modern Language Journal, 90*, 519–535.

Trofimovich, P. (2005). Spoken-word processing in native and second languages: An investigation of auditory word priming. *Applied Psycholinguistics, 26*, 479–504.

Trueswell, J., Tanenhaus, M., & Garnsey, S. (1994). Semantic influences on parsing: Use of thematic role information in syntactic ambiguity resolution. *Journal of Memory & Language, 33*, 285–318.

Ueno, I. (2015). Learners' beliefs about the "ALL ENGLISH" class at university. *Journal of the Japan Society for Speech Sciences, 16*, 59–75.

Ueno, I. (2018). A comparative study of non-native English speaking teachers' and university students' beliefs about target language use only in the class by the mixed methods approach. *Journal of the Japan Society for Speech Sciences, 19*, 63–80.

Underwood, G., Schmitt, N., & Galpin, A. (2004). The eyes have it: An eye-movement study into the processing of formulaic sequences. In N. Schmitt (Ed.), *Formulaic sequences: Acquisition, processing, and use* (pp. 153–172). John Benjamins.

Vandergrift, L., & Goh, C. C. M. (2012). *Teaching and learning second language listening: Metacognition in action.* Routledge.

Ward, J. (2017). *The student's guide to social neuroscience* (2nd ed.). Routledge.

Waring, H. Z. (2019). Developing interactional competence with limited linguistic resources. In M. R. Salaberry, & S. Kunitz (Eds.), *Teaching and testing L2 interactional competence* (pp. 215–227). Routledge.

Webb, S., & Nation, P. (2017). *How vocabulary is learned.* Oxford University Press.

Widdowson, H. G. (1978). *Teaching language as communication.* Oxford University Press.

Willis, D. & Willis, J. (2007). *Doing task-based teaching.* Oxford University Press.

Willis, J. (1996). *A framework for task-based learning.* Longman.

Wilson, D., & Sperber, D. (2012). *Meaning and relevance.* Cambridge University Press.

Wilson, M. P., & Garnsey, S. (2009). Making simple sentences hard: Verb bias effects in simple direct object sentences. *Journal of Memory and Language, 60*, 368–392.

Wilson, S. M., Saygin, A. P., Sereno, M. I., & Iacoboni, M. (2004). Listening to speech activates motor areas involved in speech production. *Nature Neuroscience, 7*(7), 701–702.

Wolf, M. (2007). *Proust and the squid: The story and science of the reading brain.* Harper Collins.

Wood, D. (2002). Formulaic language in acquisition and production: Implication for teaching. *TESL Canada Journal*, 1–15.

Wray, A. (2002). *Formulaic language and the lexicon*. Cambridge University Press.

Wydell, T. N., & Butterworth, B. (1999). A case study of an English-Japanese bilingual with monolingual dyslexia. *Cognition, 70*(3), 273–305.

Yamamoto-Wilson, J. (1997). Can a knowledge of Japanese help our EFL teaching? *The Language Teacher, 21*(1), 69.

Zhang, X. (2013). Foreign language listening anxiety and listening performance Conceptualizations and causal relationships. *System, 41*(1), 164–177.

Zhang, X., Cheng, B., & Zhang, Y. (2021). The role of talker variability in nonnative phonetic learning: A systematic review and meta-analysis. *Journal of Speech, Language, and Hearing Research, 64*(12), 4802–4825.

阿栄娜・林良子 (2014).「シャドーイング訓練によって日本語学習者の発音はどう変化するか」横川博一・定藤規弘・吉田晴世（編）『外国語運用能力はいかに熟達化するか──言語情報処理の自動化プロセスを探る』(pp. 157–179). 松柏社.

池田慎之介・針生悦子 (2016).「発話からの感情判断におけるレキシカルバイアス：その発達的機序をめぐって」『認知科学』23(1), 49–64.

太田信夫・佐久間康之（編著）(2016).『英語教育学と認知心理学のクロスポイント：小学校から大学までの英語を考える』北大路書房.

太田信夫 (2011).「第1部 基礎と理論 第1章 記憶研究の歴史と現状」太田信夫・厳島行雄（編）『記憶と日常』(pp. 2–25). 北大路書房.

岡ノ谷一夫 (2019年12月20日). ことばの源を探る：ことばの獲得と新たな言語の誕生から. 東大新聞オンライン (todaishimbun.org).

柏野牧夫 (2007).「聴覚情景分析の脳内メカニズム」『計測と制御』46(6): 472–478.

加藤和美・筧一彦 (1988).「音声知覚における話者への適応性の検討」『日本音響学会誌』44(3), 180–186.

門田修平 (2006).『第二言語理解の認知メカニズム：英語の書きことばの処理と音韻の役割』くろしお出版.

門田修平 (2007).『シャドーイングと音読の科学』コスモピア.

門田修平 (2012).『シャドーイング・音読と英語習得の科学』コスモピア.

門田修平 (2014).『英語上達12のポイント：科学的理論に基づく外国語習得成功の秘訣』コスモピア.

門田修平 (2015).『シャドーイング・音読と英語コミュニケーションの科学：インプットからアウトプットへ』コスモピア.

門田修平 (2018).『外国語を話せるようになるしくみ：シャドーイングが言語習得を促進するメカニズム』SBクリエイティブ.

門田修平 (2020).『音読で外国語が話せるようになる科学：科学的に正しい音読トレーニングの理論と実践』SBクリエイティブ.

門田修平 (2023).『社会脳インタラクションを活かした英語の学習・教育』大修館書店.

門田修平・池村大一郎（編著）(2006).『英語語彙指導ハンドブック』大修館書店.

門田修平・高瀬敦子・川﨑眞理子（共著）(2021).『英語リーディングの認知科学：文字学習と多読の効果をさぐる』くろしお出版.

門田修平・野呂忠司・氏木道人・長谷尚弥 (2014).『英単語運用力判定ソフトを使った語彙指導』大修館書店.

金澤佑 (2020).「情動関与処理とフォーミュラ情動価リストの作成」金澤佑『フォーミュラと外国語学習・教育：定型表現研究入門』(pp. 96–104). くろしお出版.

金澤佑 (2021a).「ケースメソッドの EFL リーディング授業への応用」『大学英語教育学会（JACET）第 60 回記念国際大会要綱集』230.

金澤佑 (2021b).「弁証法的サイレントダイアローグ（DSD）を用いた P4C の大学英語教育への応用の試み」『日本哲学プラクティス学会第 3 回大会要綱集』12–13.

金澤佑 (2022).「高等教育活動におけるディープ・ポジティビティ仮説と認識情動」『感情心理学研究』30, OS2-09.

上倉安代・大川一郎・井手正和・和田真 (2020).「統合失調症を対象とした自我障害評価ツールとしてのランバーハンド錯覚測定」『心理学研究』91(4), 257–266.

川越いつえ (2007).『英語の音声を科学する』大修館書店.

川﨑眞理子・金澤佑・表谷純子・高瀬敦子・伊藤佳世子・門田修平 (2018).「第二言語リーディングの指導と学習」『JACET Kansai Journal』20, 69–80.

川瀬哲明 (2018).「聴覚臨床に役立つ聴覚メカニズムの知識―音受容から聴覚情景分析まで―」『Audiology Japan』61(3), 177–186.

北尾倫彦 (2020).『「深い学び」の科学：精緻化、メタ認知、主体的な学び』図書文化社.

鬼田崇作 (2022).「外国語の語彙習得」『KELES ジャーナル』7, 6–11.

国際音声学会 (2021). IPA 2020 ja.pdf.

小柳かおる (2020).『第二言語習得について日本語教師が知っておくべきこと』くろしお出版.

斉藤倫子・川﨑眞理子・襴宜田陽子 (2014).「日本人小学生の英語文字・音素認識力：大阪市重点校 19 校における大規模量的実証研究」外国語教育メディア学会 関西支部 2014 年度秋季研究大会.

坂本勉 (1998).「人間の言語情報処理」大津由起夫・坂本勉・乾敏郎・西光義弘・岡田伸夫『言語科学と関連領域』(pp. 1–55). 岩波書店.

里井久輝・籔内智・横川博一 (2002).「EFL リーディングにおける言語処理ストラテジー：ガーデンパス文の処理による検討」『全国英語教育学会第 28 回神戸研究大会発表論文集』95–98.

JLSA 一般社団法人 全国地域生活支援機構 (2018).「発達障害の 1 つ、学習障害とは？」https://jlsa-net.jp/hattatsu/gakusyu-syogai/

嶋田総太郎 (2019).『脳のなかの自己と他者：身体性・社会性の認知脳科学と哲学』共立出版.

鈴木寿一 (1998).「音読指導再評価：音読指導の効果に関する実証的研究」『LLA 関西支部研究集録』7, 外国語教授法の再評価. 語学ラボラトリー学会関西支部, 13–28.

鈴木寿一・門田修平 (2018).『英語リスニング指導ハンドブック』大修館書店.

鈴木宏昭 (2020).『プロジェクション・サイエンス：心と身体を世界につなぐ第三世代の認知科学』近代科学社.

鈴木渉・佐久間康之・寺澤孝文 (編) (2021).『外国語学習での暗示的・明示的知識の役割とは何か』大修館書店.

須田孝司 (2011).「第二言語文処理における意味役割情報の関わり」『富山県立大学紀要』 *21*, 36–43.

高島英幸 (2000).『実践的コミュニケーション能力のための英語のタスク活動と文法指導』大修館書店.

高島英幸 (2011).『英文法導入のための「フォーカス・オン・フォーム」アプローチ』大修館書店.

高瀬敦子 (2010).『英語多読・多聴指導マニュアル』大修館書店.

高田哲朗 (2016).「タイ中学生との国際交流」泉恵美子・門田修平 (編)『英語スピーキング指導ハンドブック』(pp. 120–122.) 大修館書店.

高梨庸雄・高橋正夫・佐藤剛・野呂徳治・粕谷恭子・田縁眞弓 (2023).『新・英語教育学概論』金星堂.

竹林滋・清水あつ子・斎藤弘子 (2013).『改訂新版 初級英語音声学』大修館書店.

玉井健 (2005).『リスニング指導法としてのシャドーイングの効果に関する研究』風間書房.

玉井健 (2017)『決定版英語シャドーイング＜入門編＞』コスモピア.

月浦崇 (2012).「プライミング効果」『脳科学辞典』https://bsd.neuroinf.jp/wiki/ プライミング効果

寺澤孝文 (2016).「潜在記憶と学習の実践的研究」太田信夫・佐久間康之 (編著)『英語教育学と認知心理学のクロスポイント』(pp. 37–55). 北大路書房.

寺澤孝文 (2021).『高精度教育ビッグデータで変わる記憶と教育の常識：マイクロステップ・スケジューリングによる知識習得の効率化』風間書房.

東後勝明 (2019).『英会話の文法 50』日本児童英語振興協会.

豊田弘司 (2016).「学習と記憶実験」太田信夫・佐久間康之 (編著)『英語教育学と認知心理学のクロスポイント』(pp. 23–36). 北大路書房.

中田達也 (2019).『英単語学習の科学』研究社.

中西弘 (2017).「文理解・統語の獲得」西原哲雄 (編)『心理言語学』(pp. 72–98). 朝倉書店.

鳴海智之・長井千枝子・松本絵理子・林良子・横川博一 (2013).「日本人英語学習者の文処理時における言語処理情報への敏感さに熟達度が与える影響：事象関連電位測定実験による神経科学的検討」『信学技報』 *113*(174), 13–18.

西澤一・吉田貴芳・伊藤和晃 (2006).「英文多読による工学系学生の英語運用能力改善」 *IEEJ Trans. FM, 126*(7), 556–562.

西田理恵子 (編著) (2022).『動機づけ研究に基づく英語指導』大修館書店.

西村浩子 (2017).「定型表現・非定型表現を含む文の音読速度・正確性と単語の知識との関係」『全国英語教育学会第 43 回島根研究大会発表予稿集』38–39.

橋本健一・平井愛・籔内智 (2011).「初級 L2 学習者の動詞下位範疇化情報とその利用：オフライン・オンライン課題からの検討」『信学技報』*111*(320), 43–48.

橋本健一・横川博一 (2009).「熟達度が第二言語文理解における動詞他動性情報の利用に与える影響」『信学技法』*109*(297), 51–56.

服部範子 (2012).『入門英語音声学』研究社.

馬場悠男 (2018).『NHK スペシャル人類誕生』学研プラス.

坂東貴夫 (2016).『日本語母語英語学習者による英語ガーデンパス文処理における動詞下位範疇化情報と意味的適切性の影響』名古屋大学大学院国際開発研究科博士論文.

樋口忠彦・加賀田哲也・泉惠美子・衣笠知子 (2017).『新編 小学校英語教育法入門』. 研究社.

広瀬友紀 (2011).「ヒントは肝心 文法的曖昧性から考える人間の文解析のしくみ」東京大学言語情報科学専攻 (編)『言語科学の世界へ：ことばの不思議を体験する 45 題』(pp. 200–255). 東京大学出版会.

フィリップ・カー (2021).『新版英語音声学・音韻論入門』研究社.

牧野武彦 (2021).『文レベルで徹底英語発音トレーニング』研究社.

松村昌紀 (2017).「タスク・ベースの発想と言語教育の方法論」. 松村昌紀 (編).『タスク・ベースの英語指導：TBLT の理解と実践』(pp. 5–36). 大修館書店.

三浦一郎・横川博一 (1994).「日本人大学生による英語の前置詞句の処理」『京都教育大学紀要』*84*, 53–60.

三宅滋 (2009).「日本人英語学習者の復唱に関する考察」JACET リーディング研究会・大学院言語コミュニケーション文化研究科共催講演会, 大阪：関西学院大学.

村野井仁 (2006).『第二言語習得研究から見た効果的な英語学習法・指導法』大修館書店.

望月正道 (2008).「「語彙力」とは何か」『Teaching English Now』*11*, 2–5.

文部科学省 (2012a).「通常の学級に在籍する発達障害の可能性のある特別な教育的支援を必要とする児童生徒に関する調査結果について」http://www.mext.go.jp/a_menu/shotou/tokubetu/material/__icsFiles/afieldfile/2012/12/10/1328729_01.pdf

文部科学省 (2012b).「英語力の指導改善事業」https://www.mext.go.jp/component/a_menu/other/detail/__icsFiles/afieldfile/2013/06/17/1336205_1_1_1.pdf

文部科学省 (2013).「グローバル化に対応した英語教育改革実施計画」https://www.mext.go.jp/a_menu/kokusai/gaikokugo/1343704.htm

文部科学省 (2017a).『小学校学習指導要領 (平成 29 年告示) 解説 外国語活動・外国語編』https://www.mext.go.jp/component/a_menu/education/micro_detail/__icsFiles/afieldfile/2019/03/18/1387017_011.pdf

文部科学省 (2017b).『中学校学習指導要領 (平成 29 年告示) 解説 外国語編』https://www.mext.go.jp/component/a_menu/education/micro_detail/__icsFiles/afieldfile/2019/03/18/1387018_010.pdf

文部科学省 (2018).『高等学校学習指導要領 (平成 30 年告示) 解説 外国語編 英語編』

https://www.mext.go.jp/content/1407073_09_1_2.pdf

文部科学省教育課程部会高等学校部会 (2016).「主体的・対話的で深い学びの実現（「アクティブ・ラーニング」の視点からの授業改善）について（イメージ）（案）」. https://www.mext.go.jp/b_menu/shingi/chukyo/chukyo3/073/siryo/__icsFiles/afieldfile/2016/05/31/1370946_12.pdf

八木克正・井上亜衣 (2013).『英語定型表現研究：歴史、方法、実践』開拓社.

籔内智・橋本健一・平井愛 (2011).「熟達度別に見た日本人 EFL 学習者の動詞下位範疇化情報」全国英語教育学会第 37 回山口研究大会発表予稿集, pp. 200–201.

山内優佳 (2014).「英語リスニング不安とリスニングの下位技能の関係：リスニング不安の概念の細分化によるリスニング指導への具体的提案」『「英検」研究助成報告』26, 50–67.

山口真美 (2020).「乳児の社会的認知の多様性とその発達」玉川大学脳科学研究所社会神経科学共同研究拠点研究会 視覚における世界と社会の理解 講演 (ZOOM オンライン開催)

横川博一 (2003).「言語理解とメンタルレキシコン」門田修平（編著）『英語のメンタルレキシコン』(pp. 151–171). 松柏社.

ラフラールイ (2020).「オンラインフォーミュラ学習システム」金澤佑『フォーミュラと外国語学習・教育：定型表現研究入門』(pp. 131–138). くろしお出版.

若林茂則 (2021).「出会いを創り出す共同授業の意義：ICT の活用と成果」JACET リーディング研究会 4 月研究例会発表 (ZOOM オンライン開催)

若林茂則・飯尾淳・櫻井淳二 (2021).『にこ P：日本語を話さない高校生と話そうプロジェクト』ことばの学び工房.

索　引

執筆者一覧

門田修平（かどた しゅうへい）
関西学院大学法学部、大学院言語コミュニケーション文化研究科教授等を経て
2024年4月より同名誉教授　博士（応用言語学）　担当：第11章
専門領域は第2言語習得研究。
主な著書：『音読で外国語が話せるようになる科学』（SB クリエイティブ），*Shadowing as a Practice in Second Language Acquisition：Connecting Inputs and Outputs* (Routledge)，『社会脳インタラクションを活かした英語の学習・教育：やり取りの力を伸ばす』（大修館書店）など。

以下、関西学院大学大学院言語コミュニケーション文化研究科後期課程
門田修平ゼミ修了者（博士）：

上野育子（うえの いくこ）
立教大学外国語教育センター准教授　担当：第9章
大阪女学院大学国際・英語学部准教授を経て現職。
専門領域は第2言語習得、内容言語統合型学習（CLIL）。
主な著書・論文：Ueno, I. (2020). Learners' beliefs about target language use only in the CLIL class. *The Journal of the Japan CLIL Pedagogy Association*, *2*, 74–91. など。

金澤 佑（かなざわ ゆう）
大阪大学大学院人文学研究科講師　担当：第5章
関西学院大学国際学部講師を経て現職。LET-FMT-SIG 部会長。
専門領域は外国語教育学など。近年は ELT Case Method, The 1-2-3 Emotion Model, P4ELT, Deep Epistemic Emotion Hypothesis などを提唱。
主な著書・論文：『フォーミュラと外国語学習・教育』（くろしお出版：編著）、Kanazawa, Y. (2021). Do not (just) think, but (also) feel! *SAGE Open*, *11*(3), 1–13. など。

川﨑眞理子（かわさき まりこ）
長岡崇徳大学看護学部教授　担当：第3章、編集
関西学院大学人間福祉学部助教等を経て現職。
専門領域は第2言語習得。
主な著書・論文：『英語リーディングの認知科学』（くろしお出版：共編著），Kawasaki, M. (2013). A comparison of the decoding skills of children and adolescents: An examination of automaticity and error types. *Language, Education & Technology*, *50*, 1–38. など。

中西 弘（なかにし ひろし）
西南学院大学外国語学部教授　担当：第2章、第8章、編集
東北学院大学文学部英文学科教授を経て現職。
専門領域は第2言語習得。
主な著書・論文：『心理言語学』（朝倉書店：分担執筆），Nakanishi, H. (2020). Effects of

content shadowing training for Japanese EFL learners on sound perception skills, realization of prosody, and articulation rates. *Journal of the Japan Society for Speech Sciences*, *21*, 39–60. など。

西村浩子 (にしむら ひろこ)
周南公立大学福祉情報学部講師　担当：第6章、第7章、第10章、編集
関西学院大学人間福祉学部助教を経て現職。
専門領域は第2言語習得。
主な著書・論文：Nishimura, H. (2020). Effects of silent English sentence reading training on processing formulaic and non-formulaic sequence knowledge in the L2 mental lexicon, *SELT*, *43*, 57–76. など。

松田紀子 (まつだ のりこ)
近畿大学総合社会学部准教授　担当：第1章
専門領域は第2言語習得研究。
主な著書・論文：Matsuda, N. (2017). Evidence of effects of text-to-speech synthetic speech to improve second language learning, *JACET Journal*, *61*, 149–164. など。

三木浩平 (みき こうへい)
近畿大学理工学部講師　担当：第4章、編集
追手門学院大学基盤教育機構常勤講師等を経て現職。
専門領域は第2言語習得、特に書きことばの認知処理過程に関心がある。
主な著書・論文：『フォーミュラと外国語学習・教育』(くろしお出版：分担執筆) など。

第二言語習得研究が解き明かす
外国語の学習

初版第1刷─────2024年 6月10日

編　者─────川﨑眞理子・中西 弘・西村浩子・三木浩平

発行人─────岡野秀夫
発行所─────株式会社くろしお出版

　　　　　　〒102-0084　東京都千代田区二番町4-3
　　　　　　［電話］03-6261-2867　［WEB］www.9640.jp

印刷・製本　シナノ書籍印刷　　装丁　仁井谷伴子

Printed in Japan
ISBN 978-4-87424-978-9 C3080